Arnold Wohler

4 Duos
für Soloinstrument
und Klavier

Bibliografische Informationen der Deutschen Nationalbibliothek:
Die Deutsche Nationalbibliothek verzeichnet die Publikation in der
Deutschen Nationalbibliografie; detaillierte bibliografische Daten sind
im Internet über dnb.dnb.de abrufbar.

copyright © 2022, Arnold Wohler
Herstellung und Verlag: BoD - Books on Demand, Norderstedt

ISBN: 978-3-7557-1004-2

4 Duos

Geige & Klavier
Flöte & Klavier
Klarinette & Klavier
Violoncello & Klavier

Die in diesem Band zusammengestellten Duos für
unterschiedliche Soloinstrumente und Klavier sind zum
einen freitonale Kompositionen (Duo für Flöte und Klavier;
Duo für Klarinette und Klavier) und zum anderen
12-Tonkompositionen (Duo für Geige und Klavier;
Duo für Violoncello und Klavier).
Die Stücke haben einen mittleren Schwierigkeitsgrad.

Inhalt:

Duo für Geige und Klavier

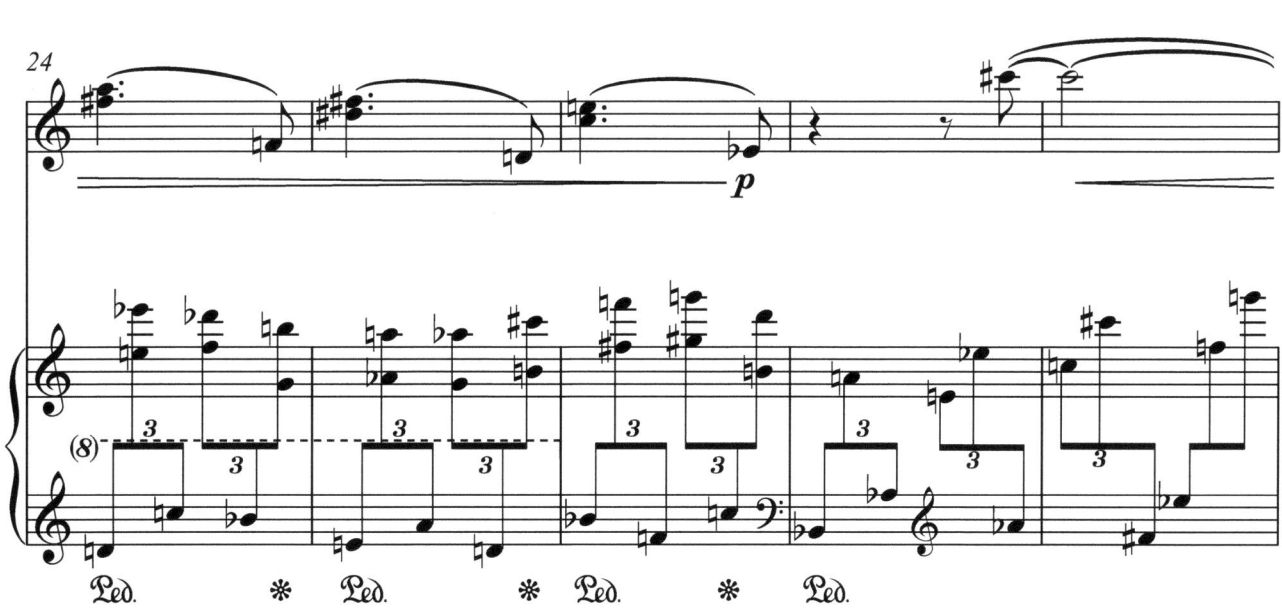

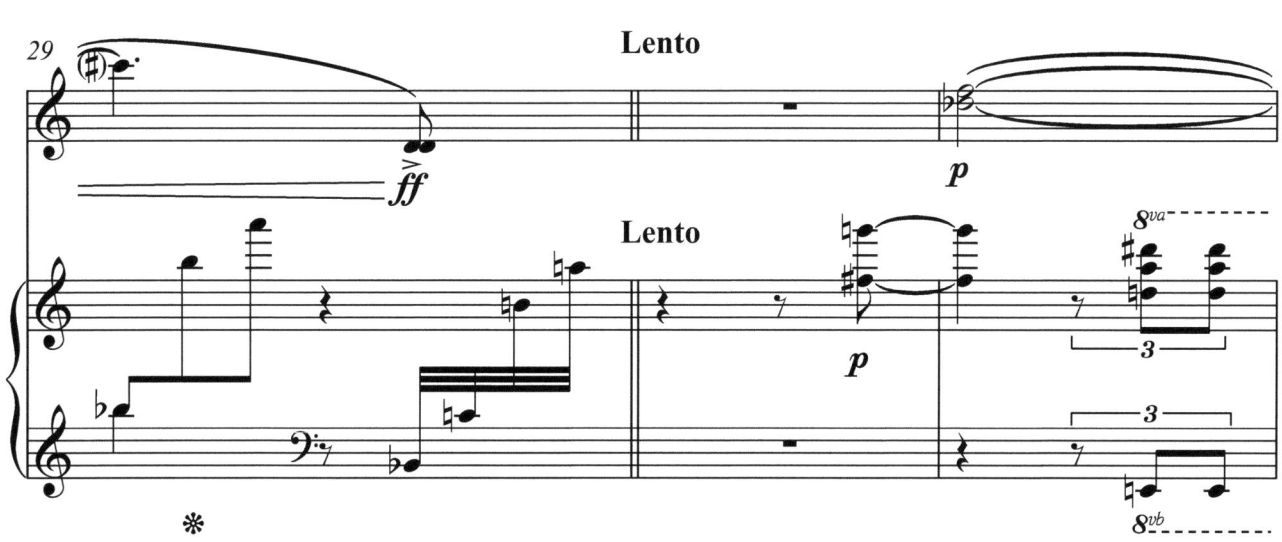

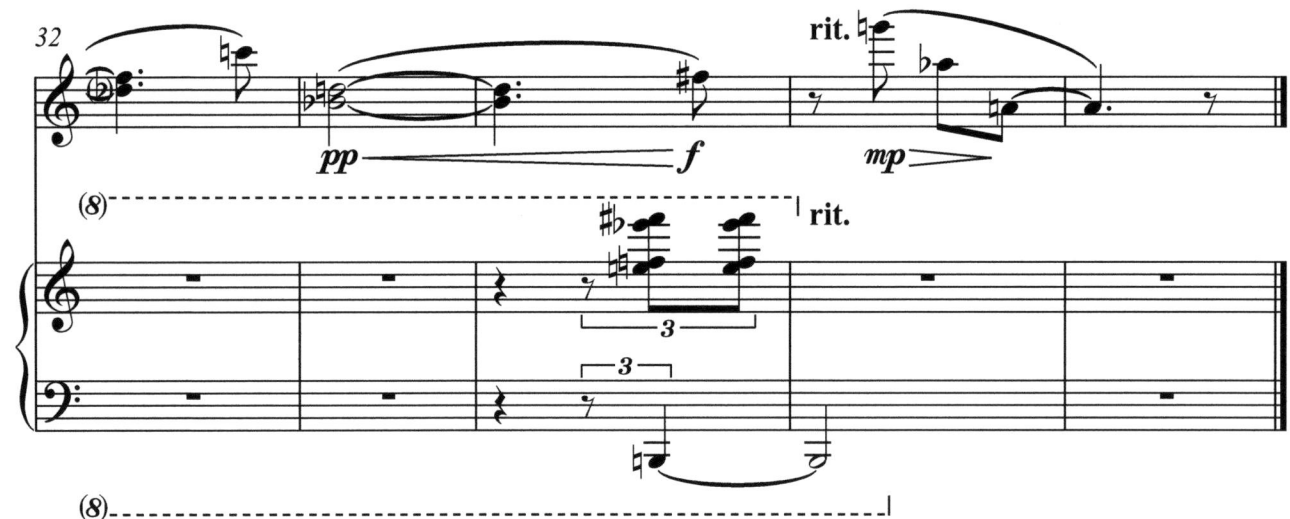

10

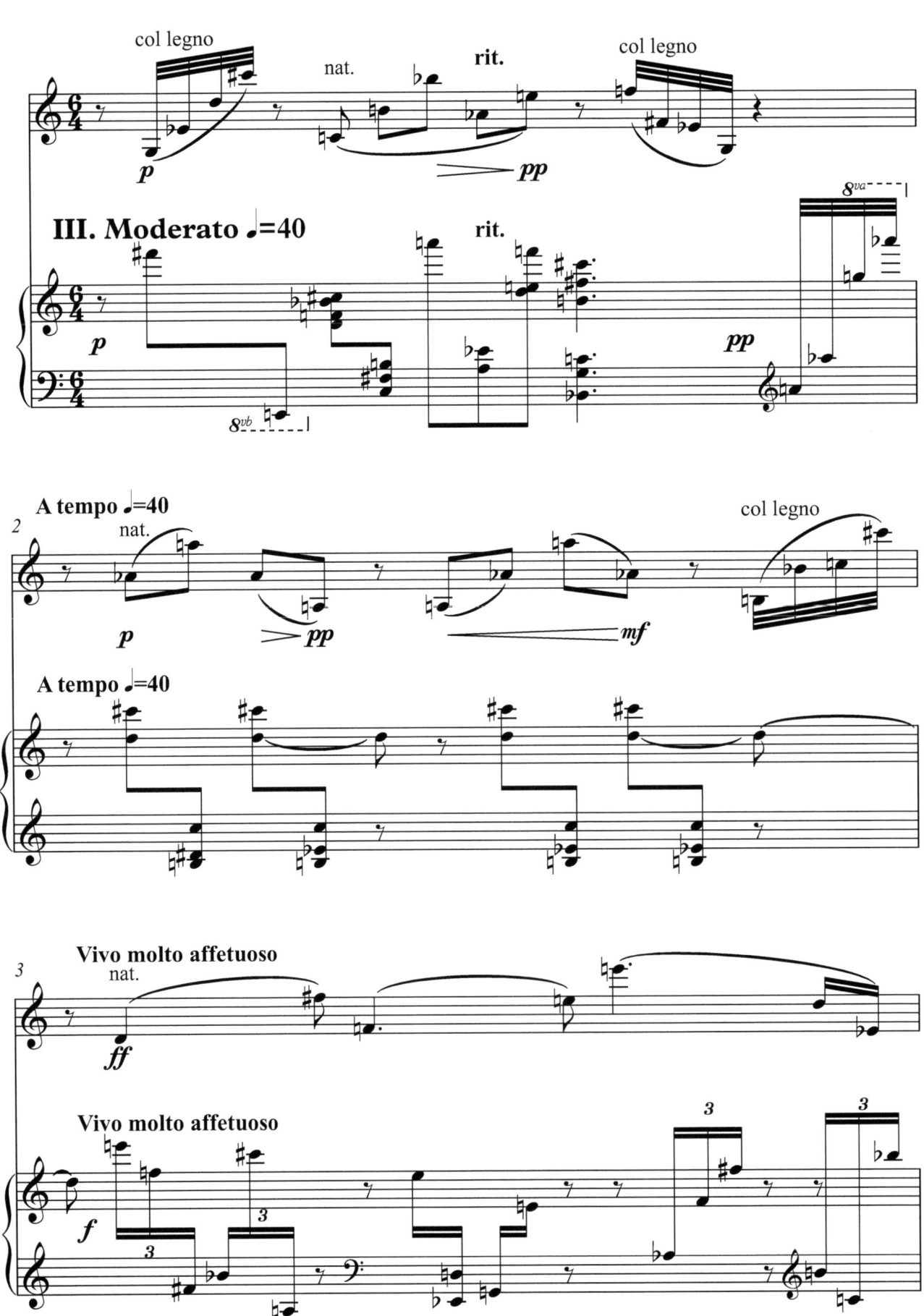

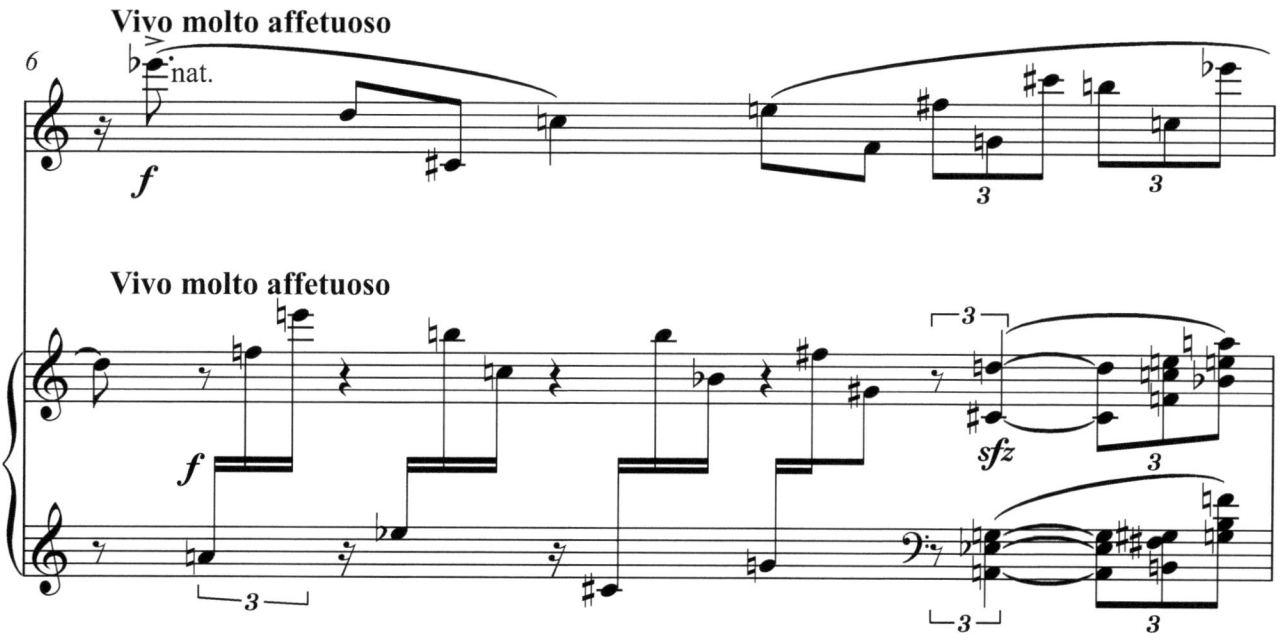

12

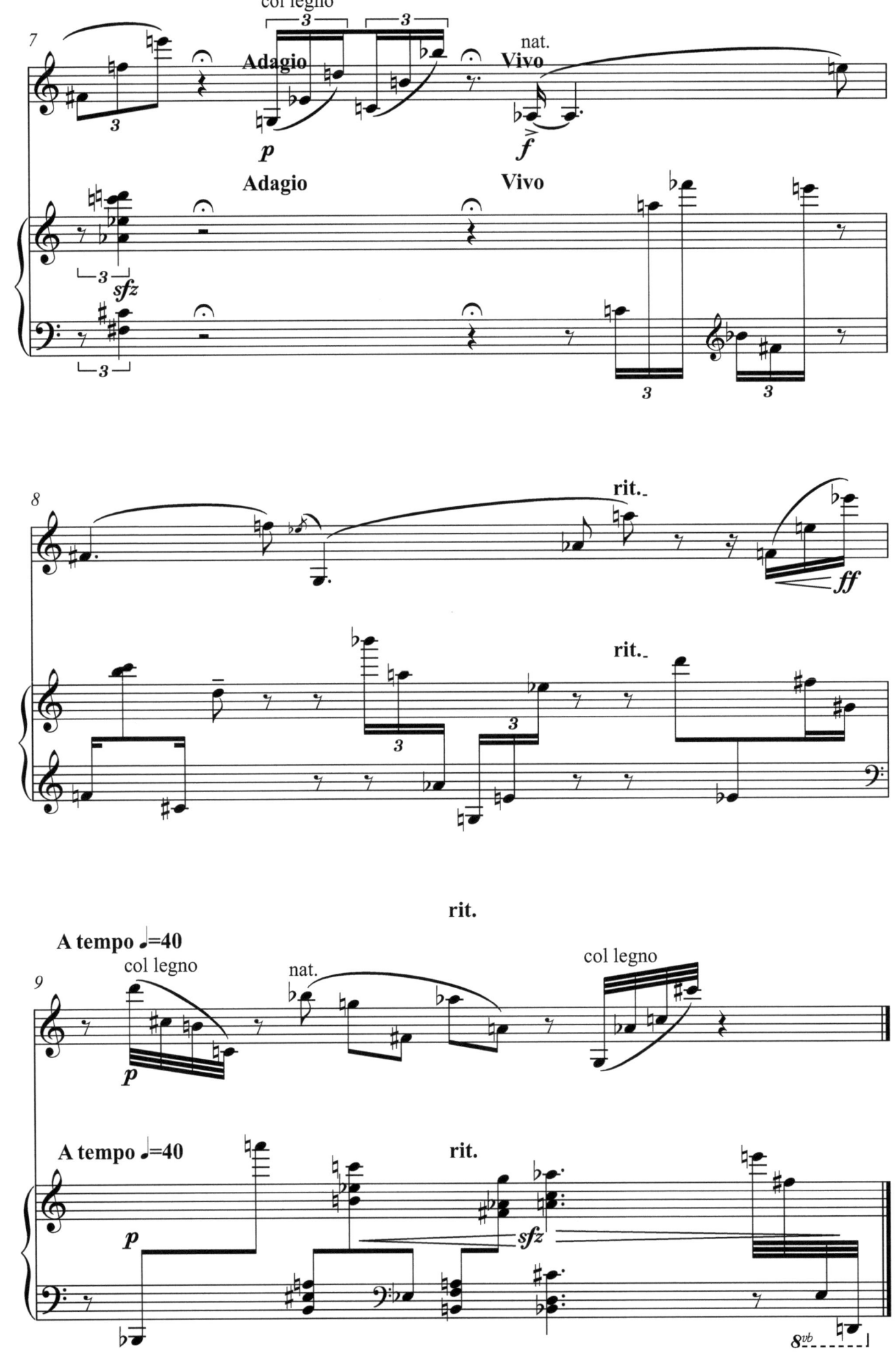

IV. Allegro con fuoco ♩=112

V. Allegretto ♩=60

15
p
f
pp
p
20
p
f
8va
f
p
23
p
pp
p
(8)

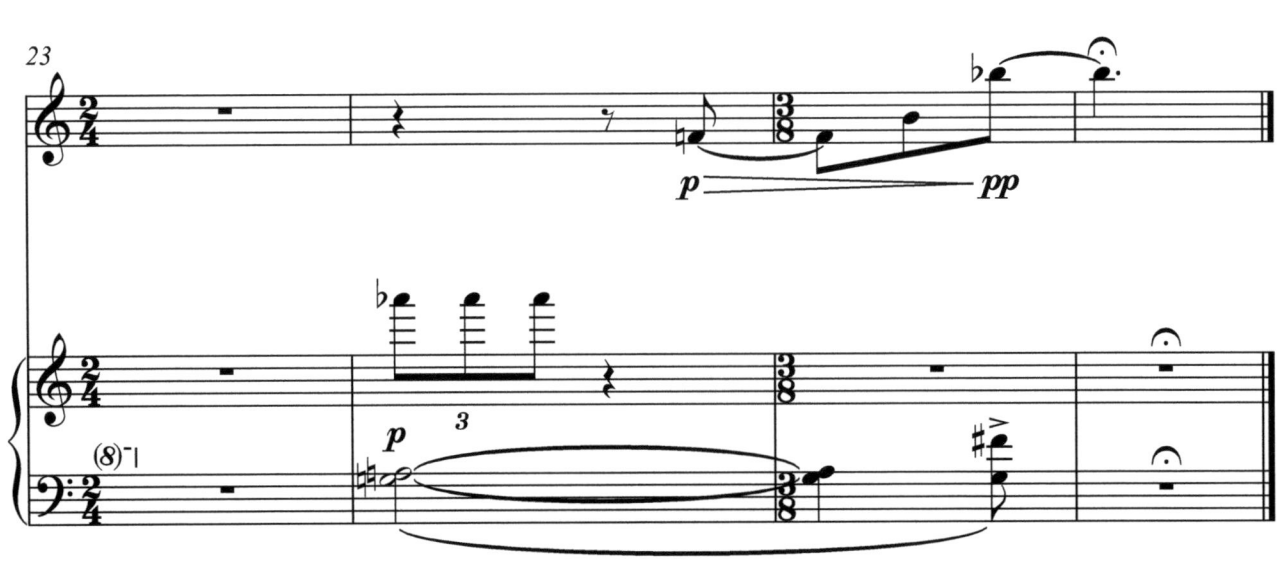

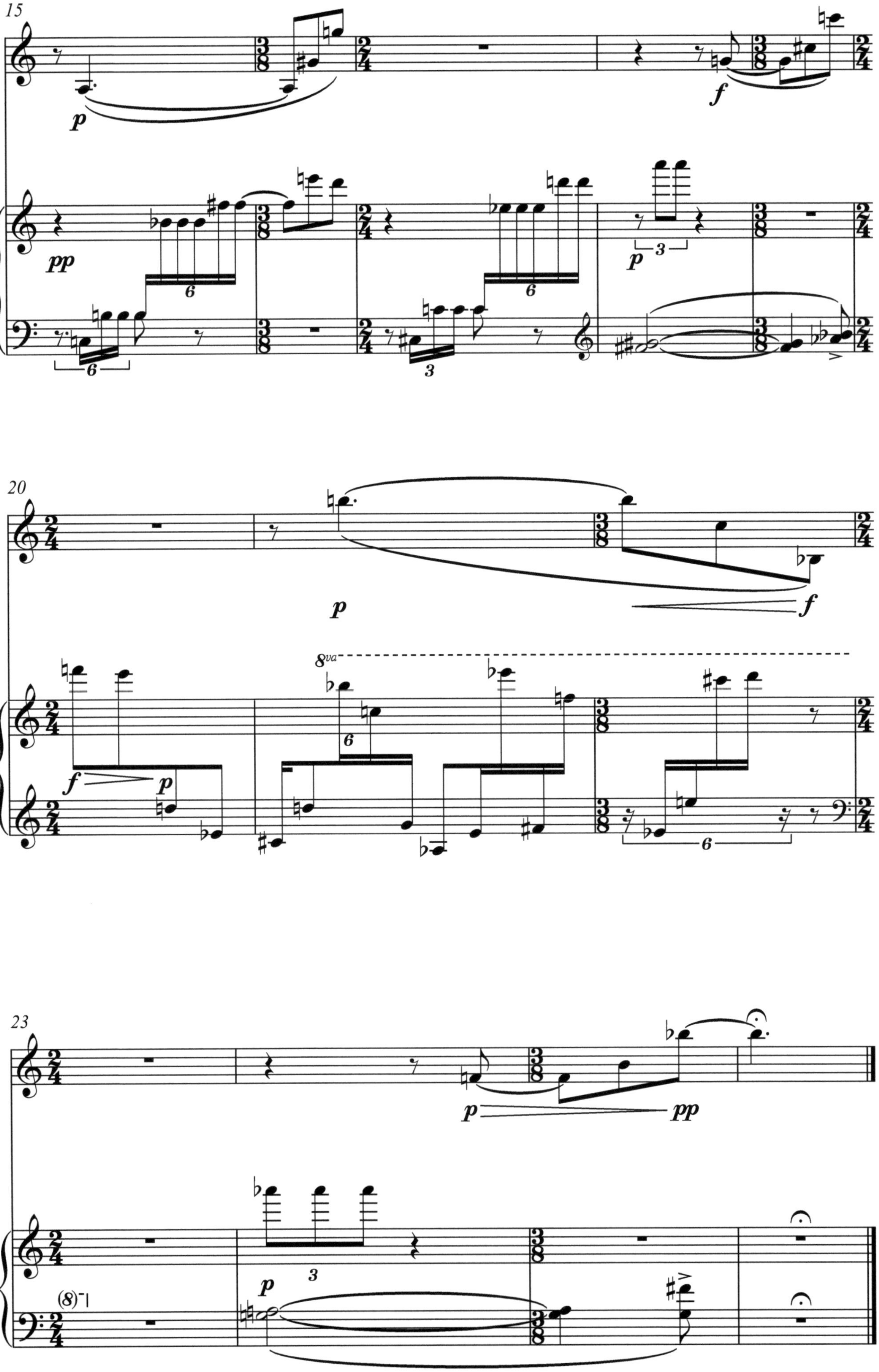

Duo für Flöte und Klavier

I. Moderato liberamente

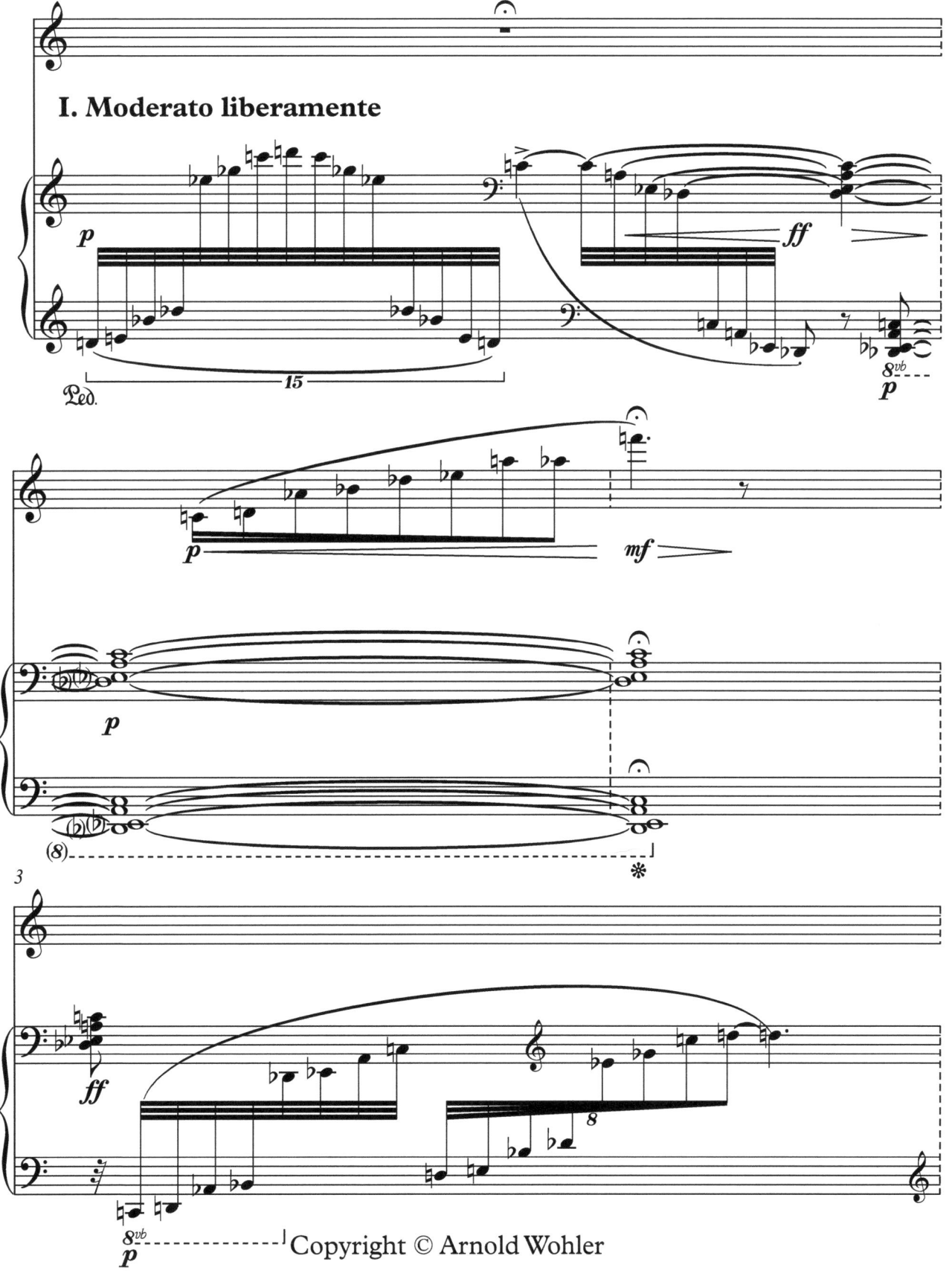

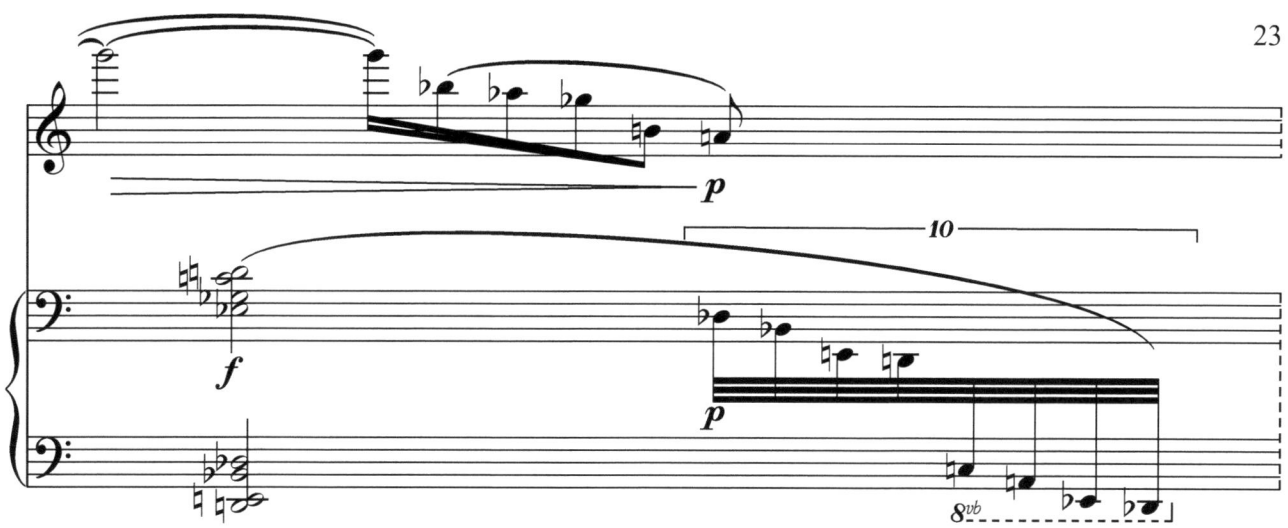

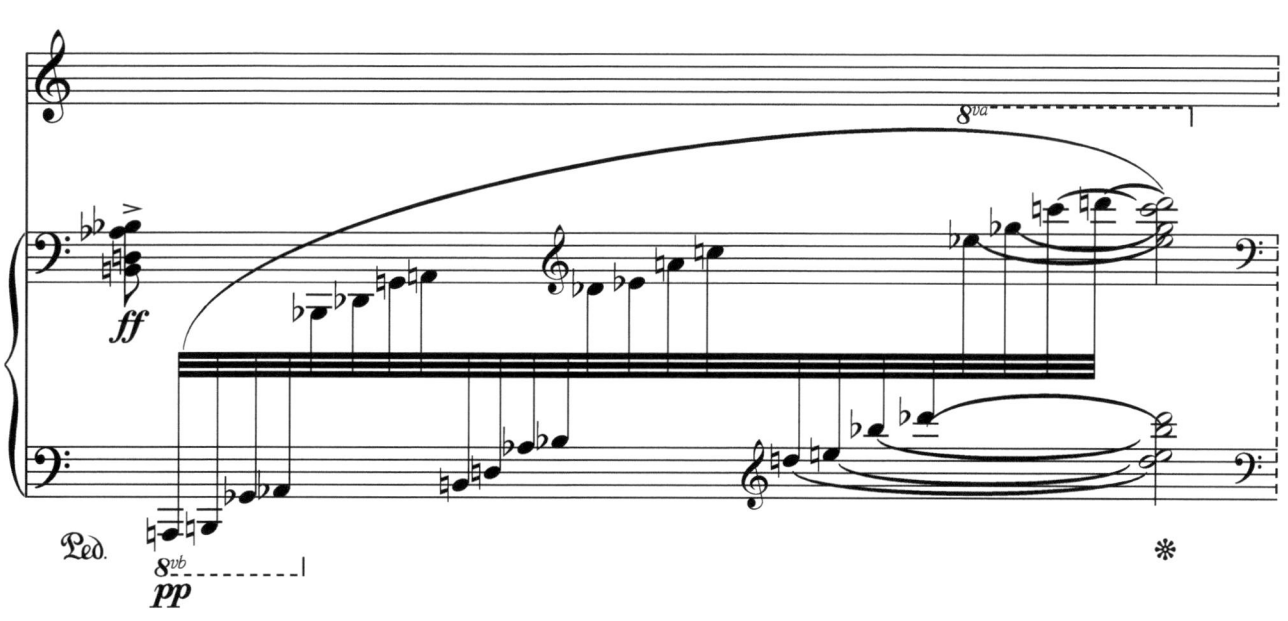

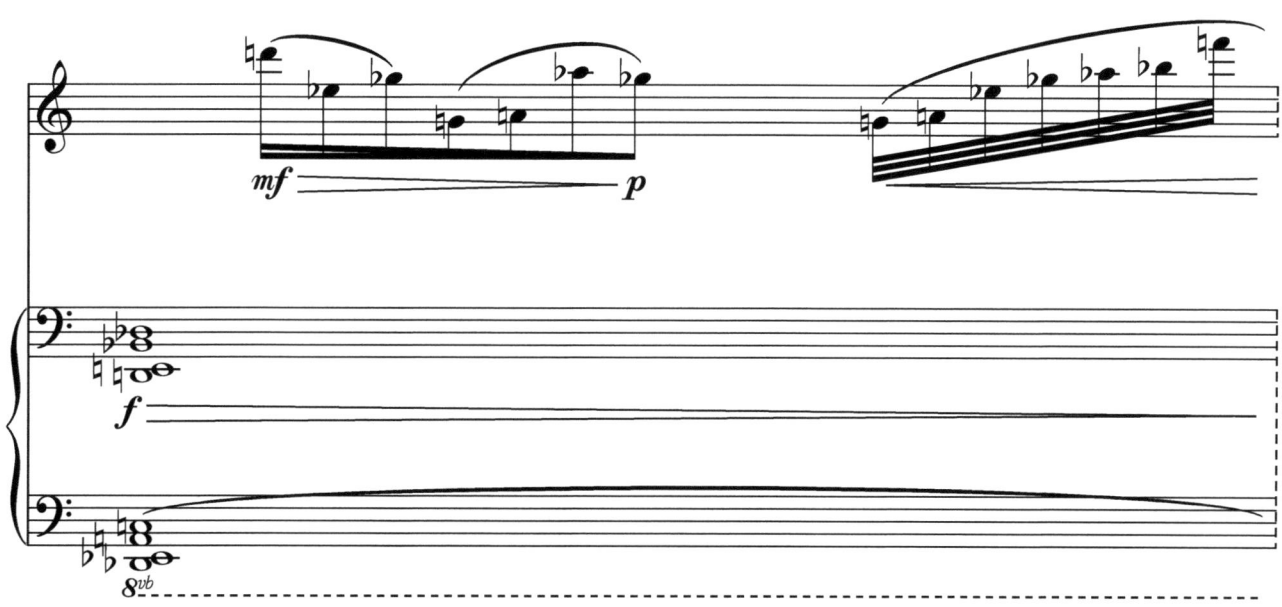

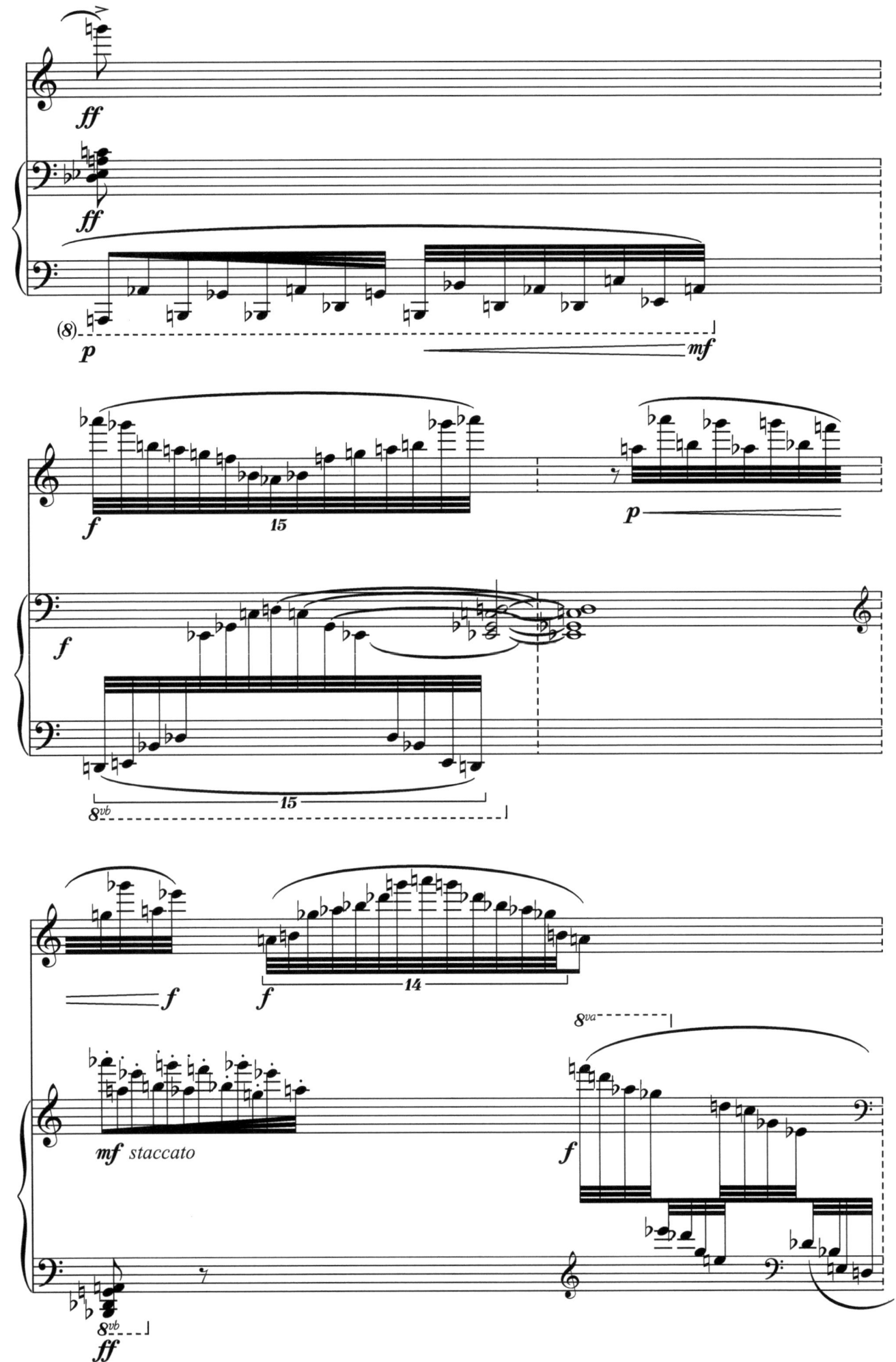

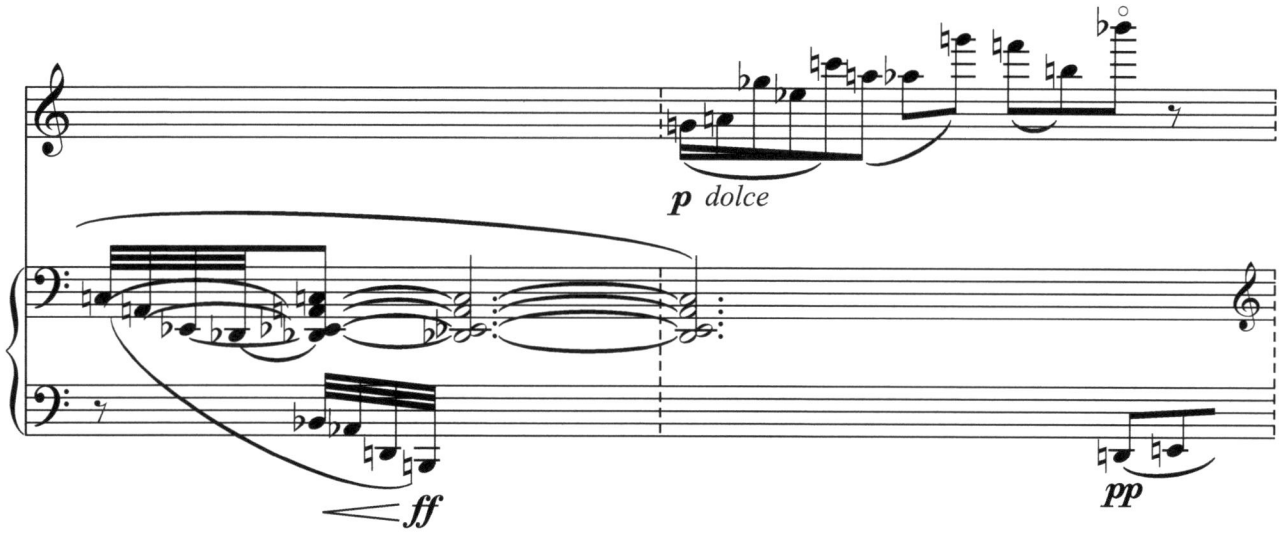

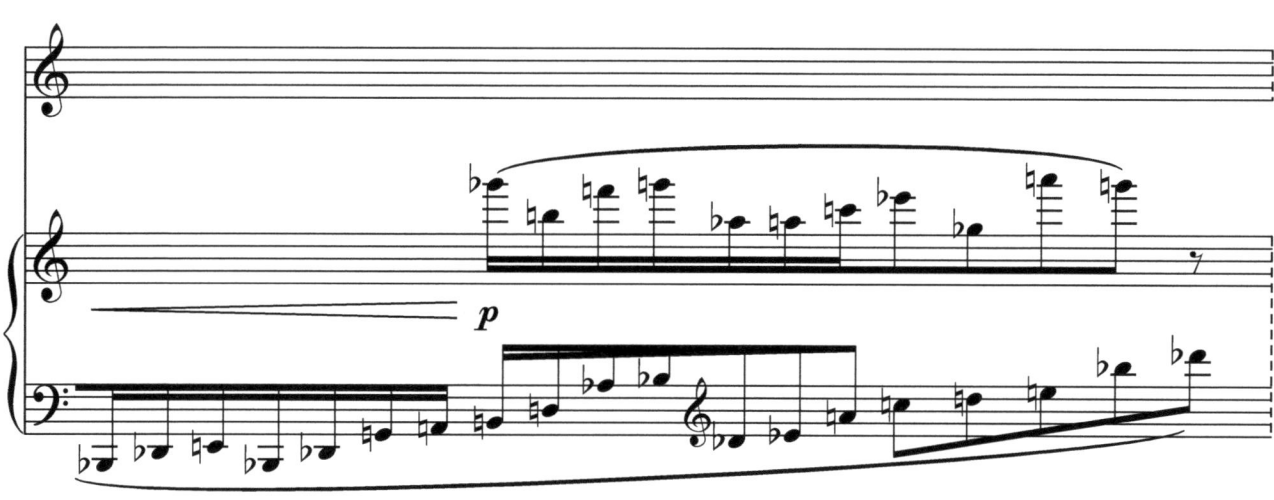

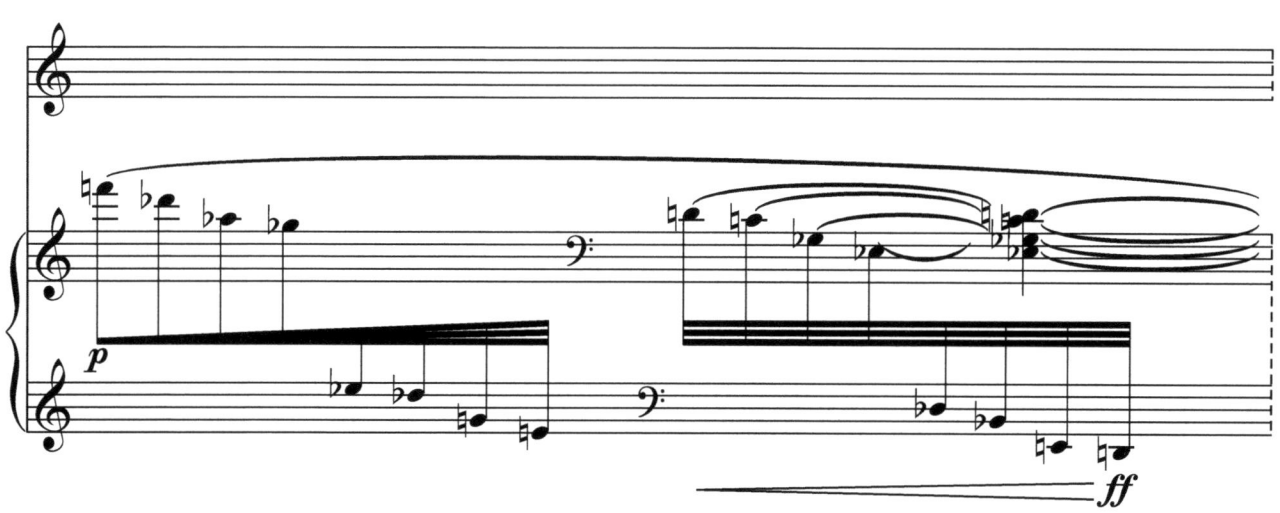

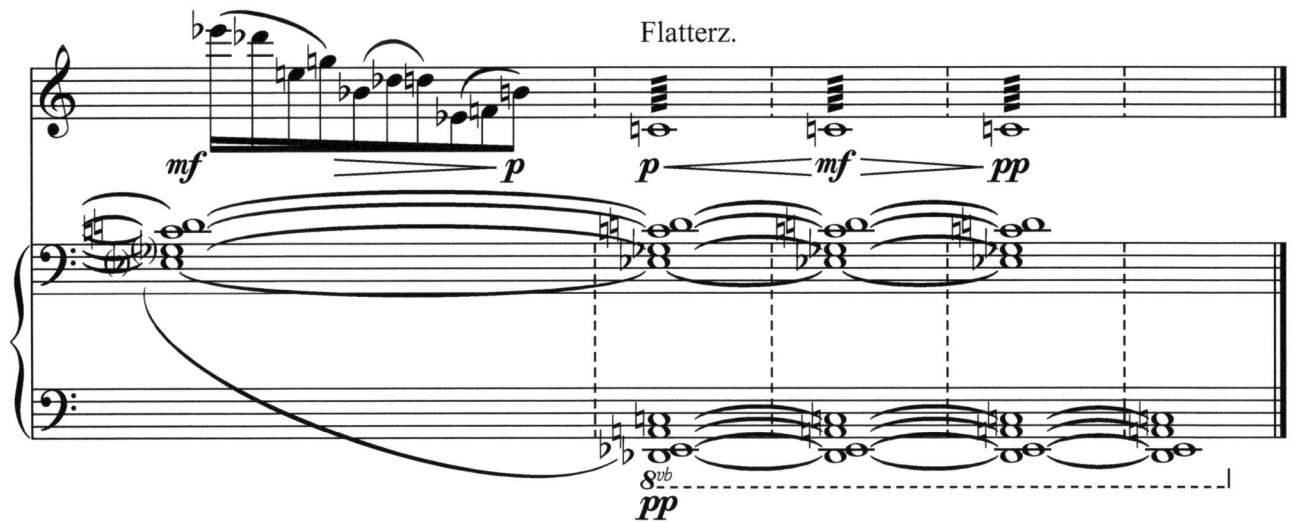

II. Molto tranquillo

III. Andante

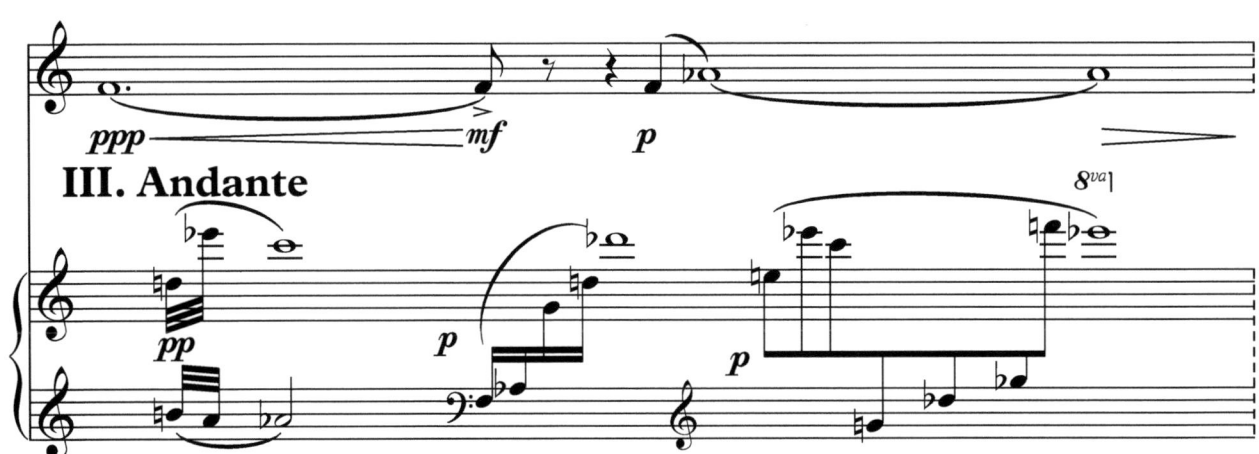

III. Andante

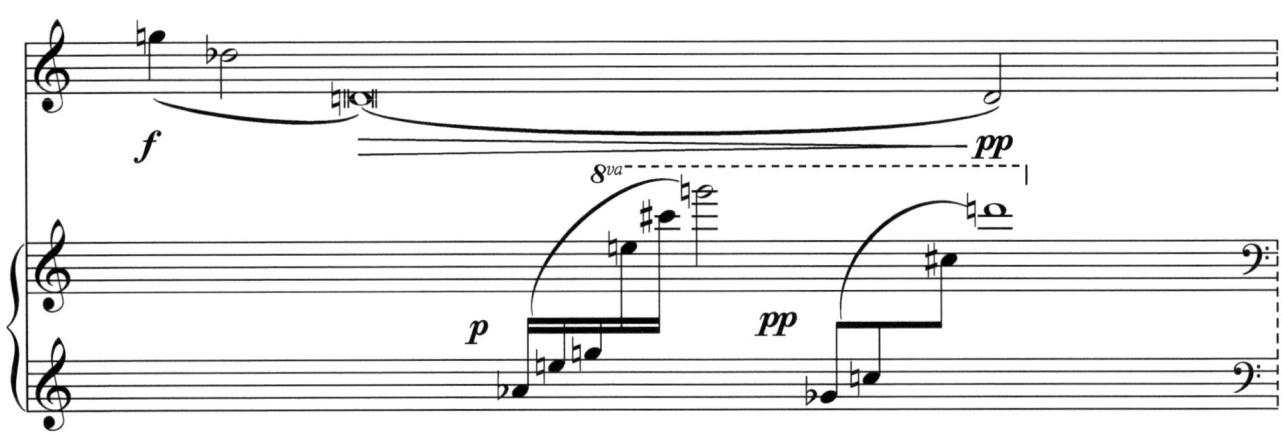

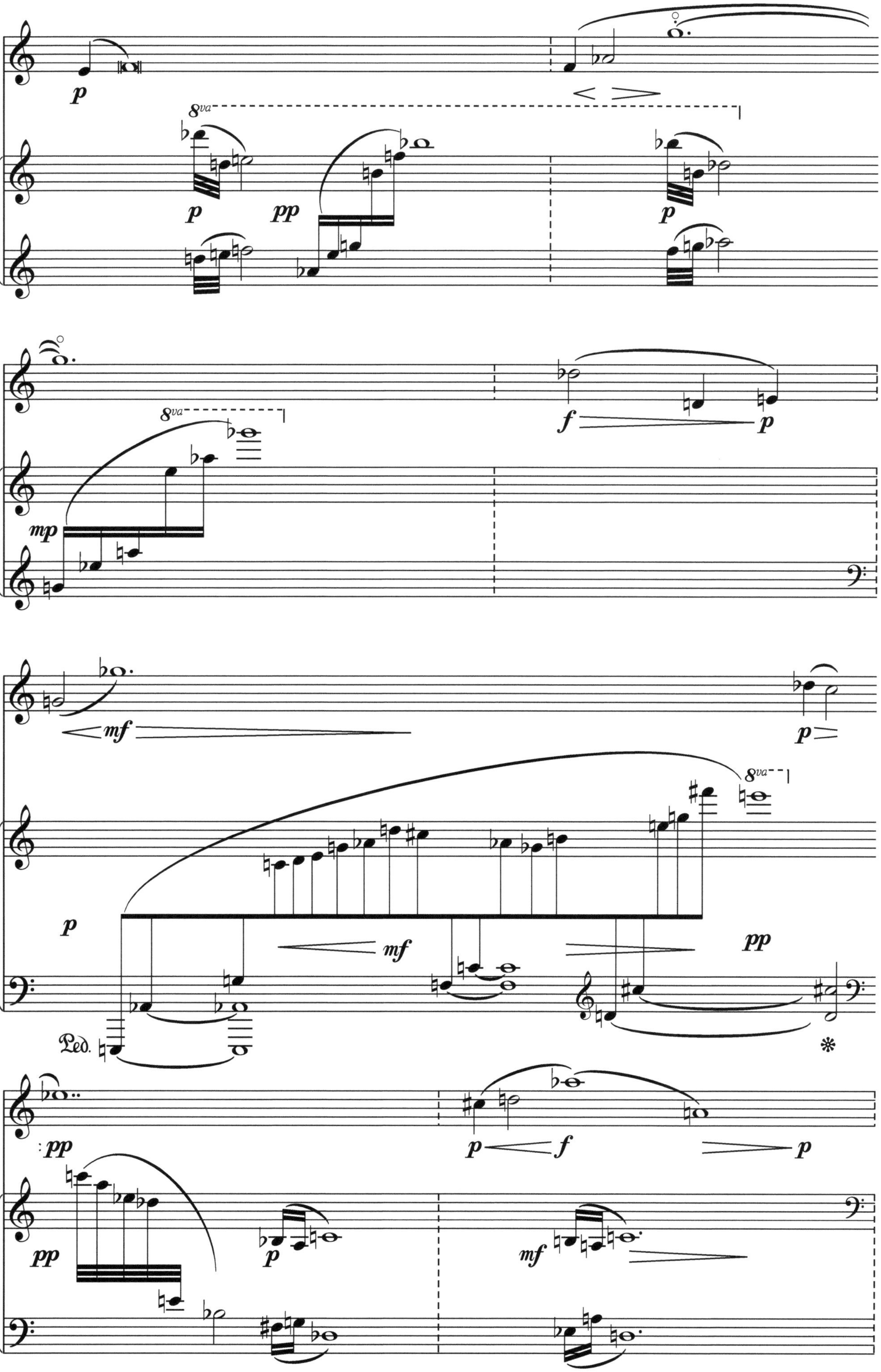

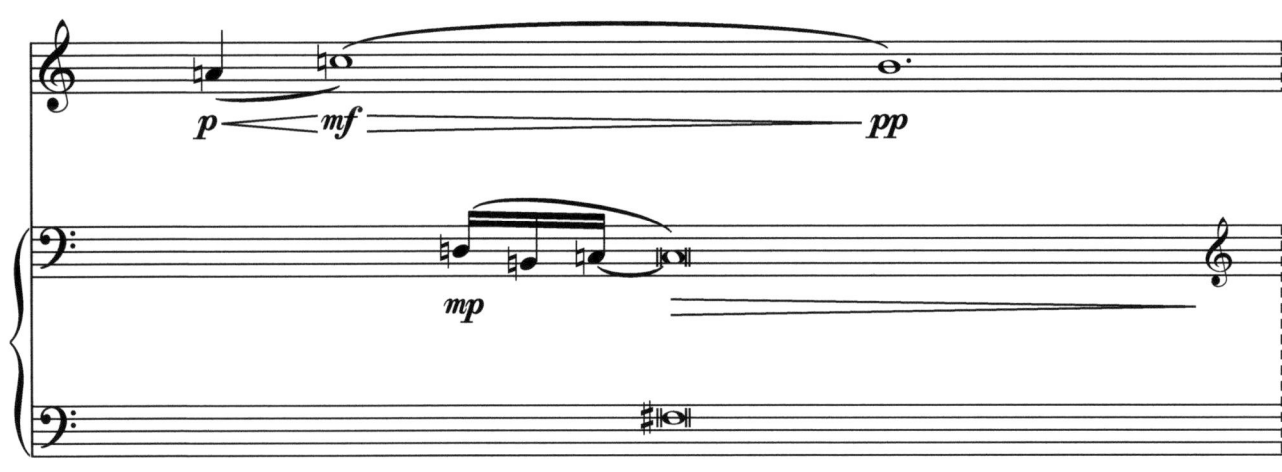

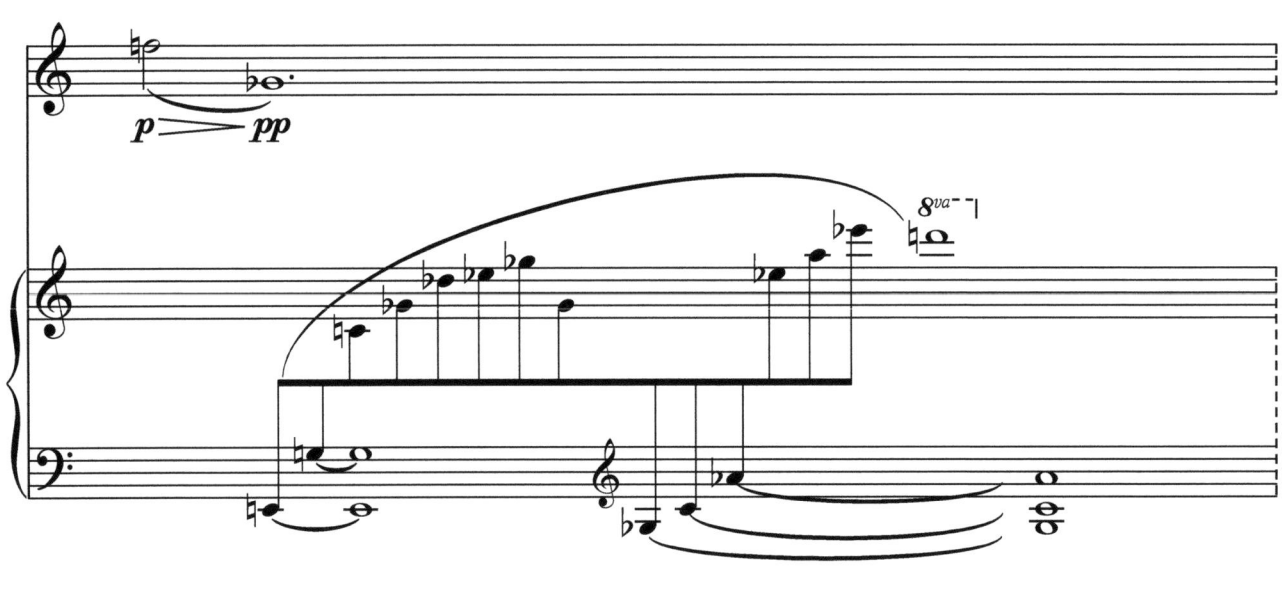

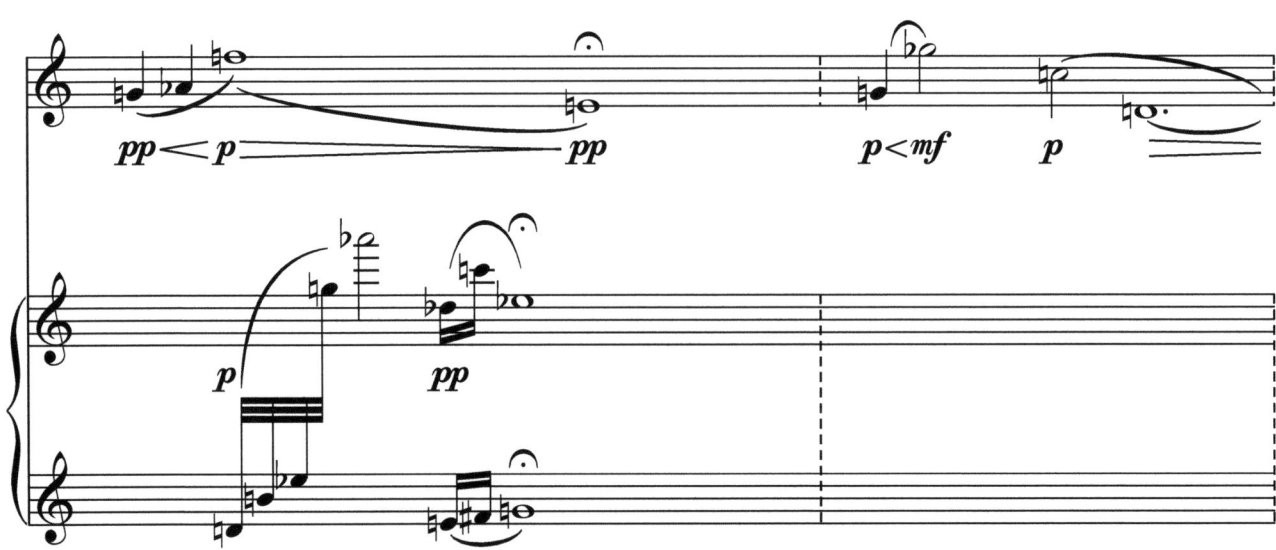

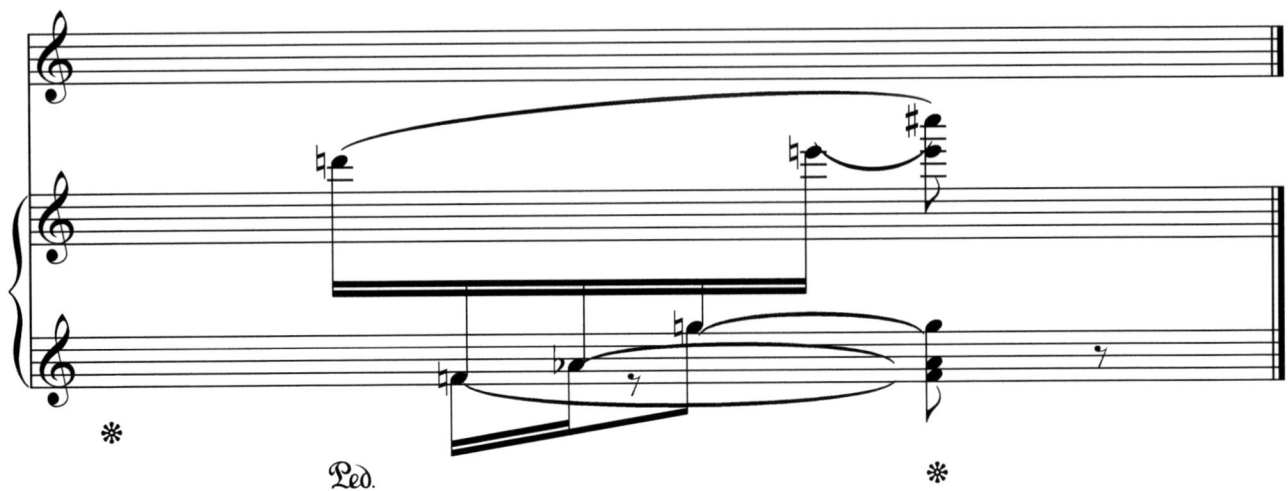

Ped.

IV. Allegretto

IV. Allegretto

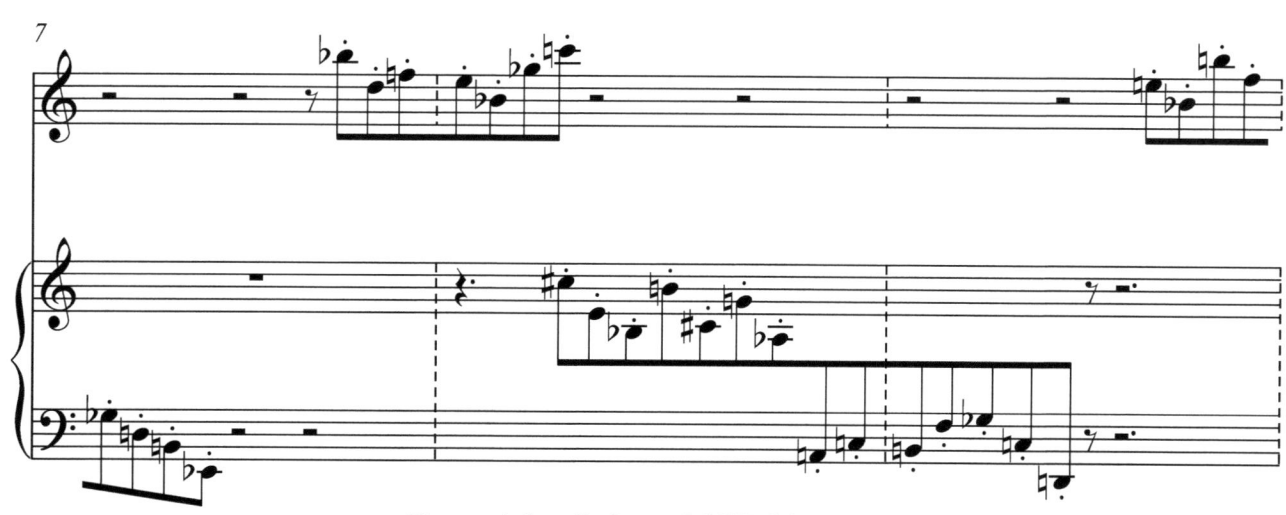

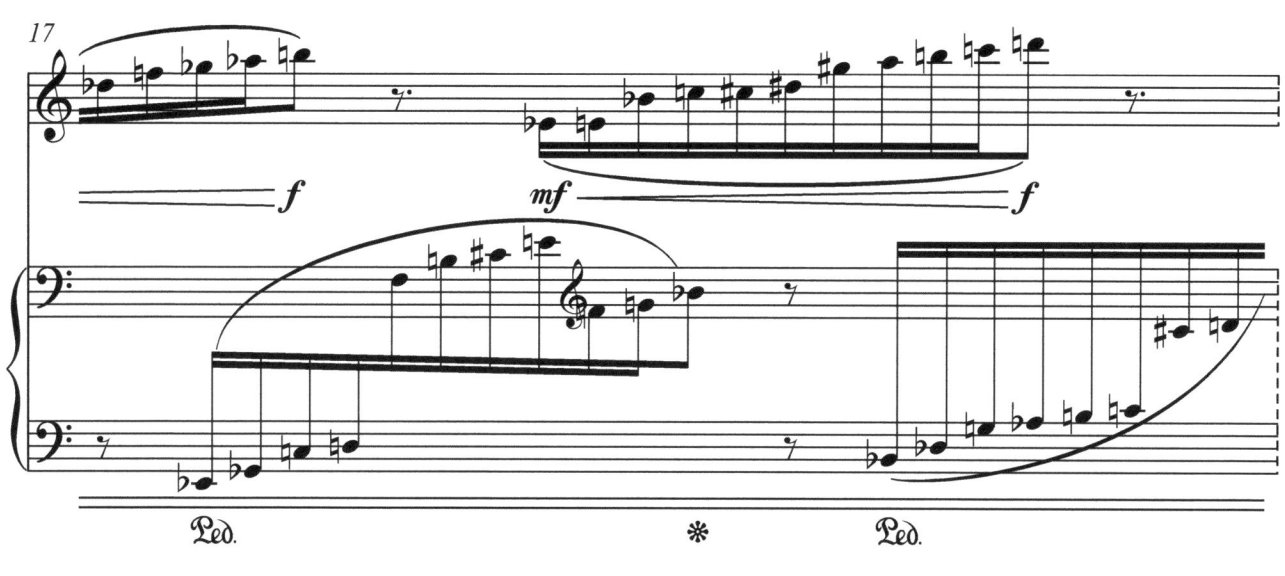

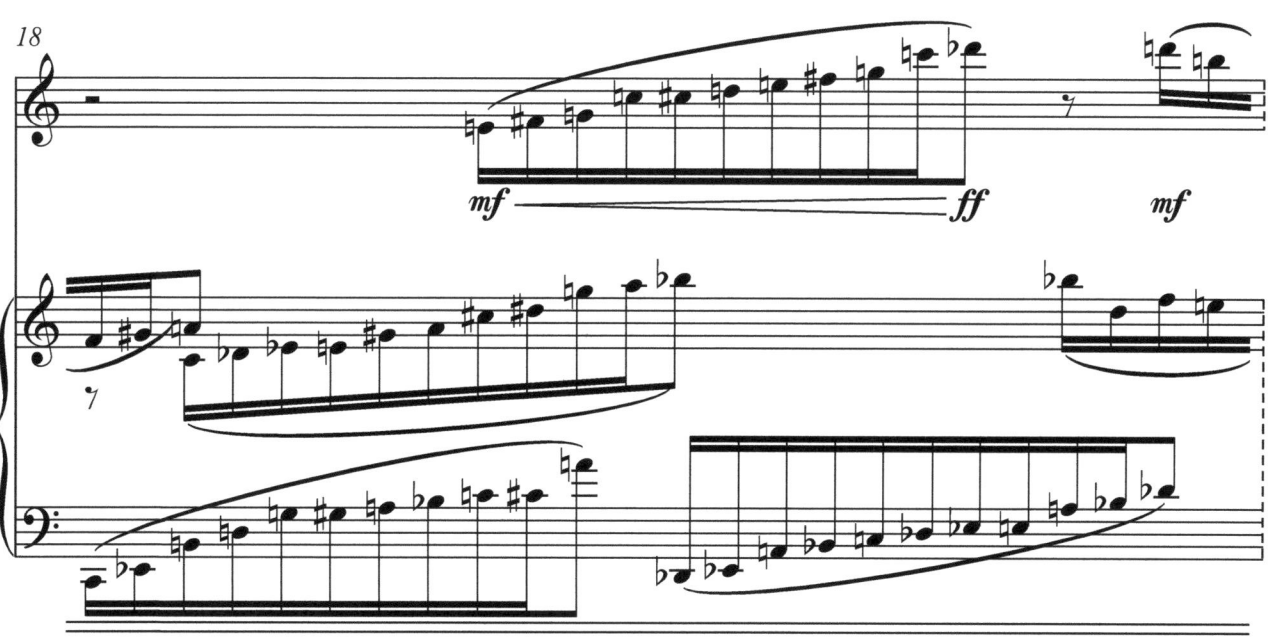

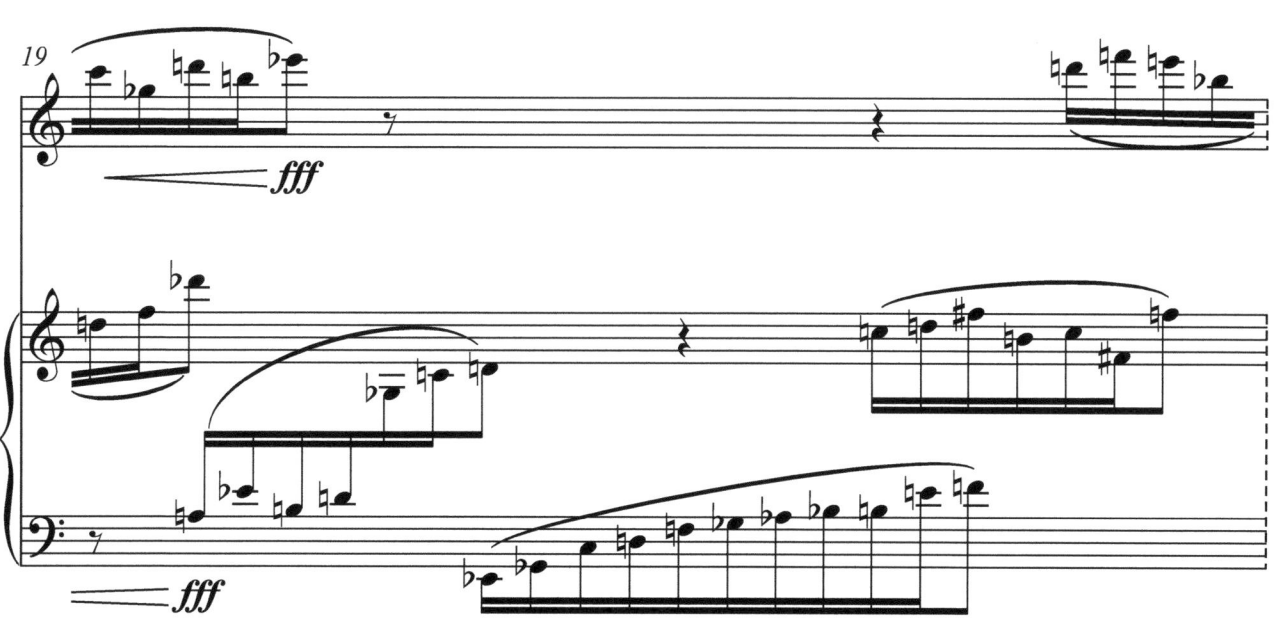

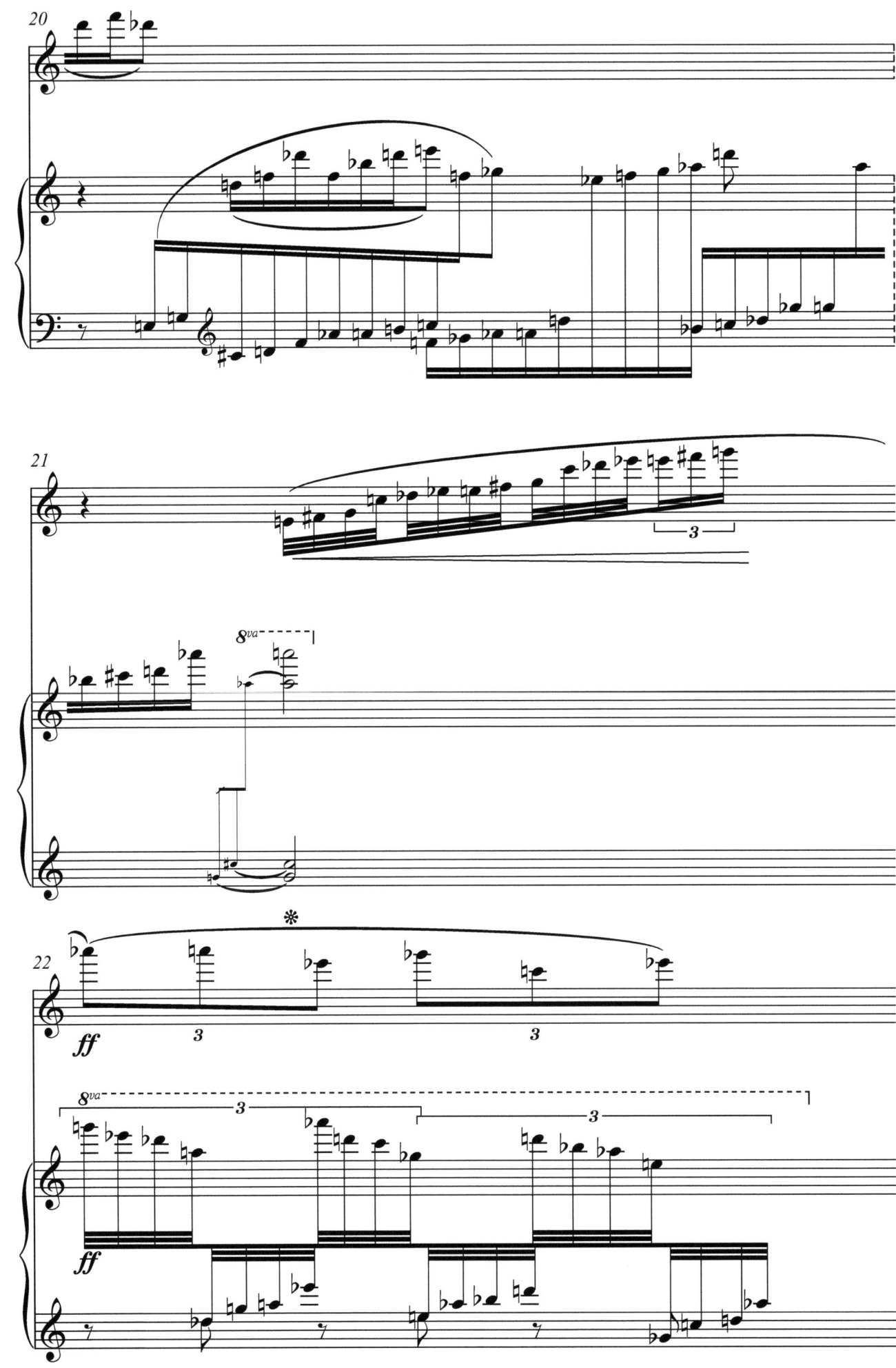

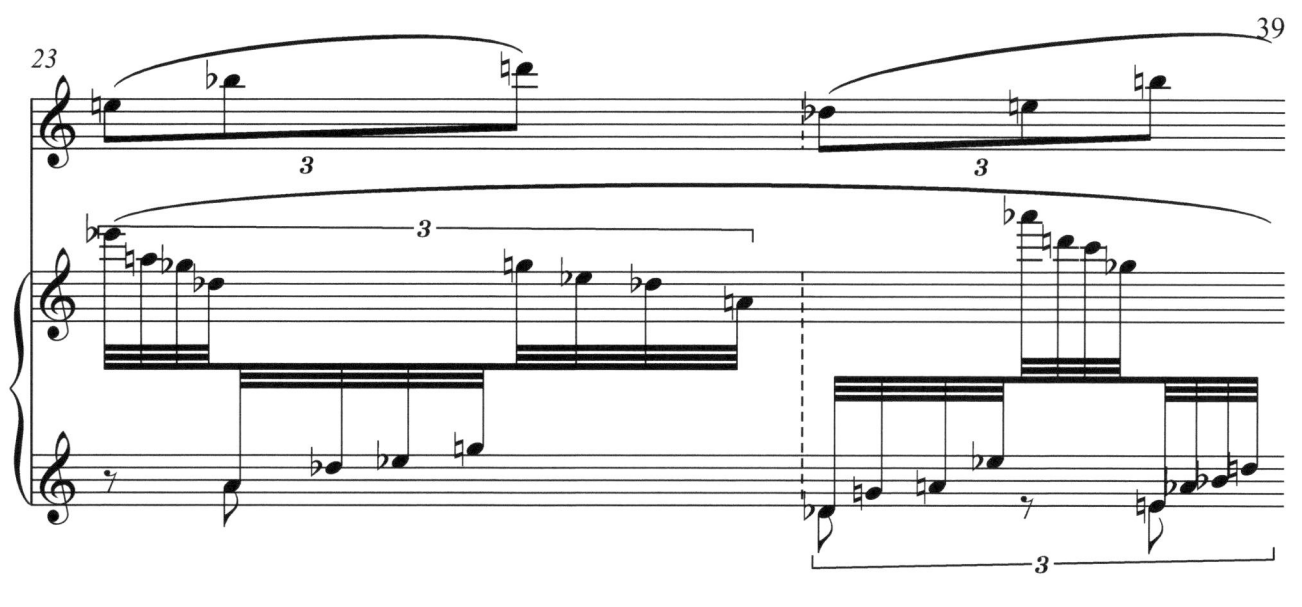

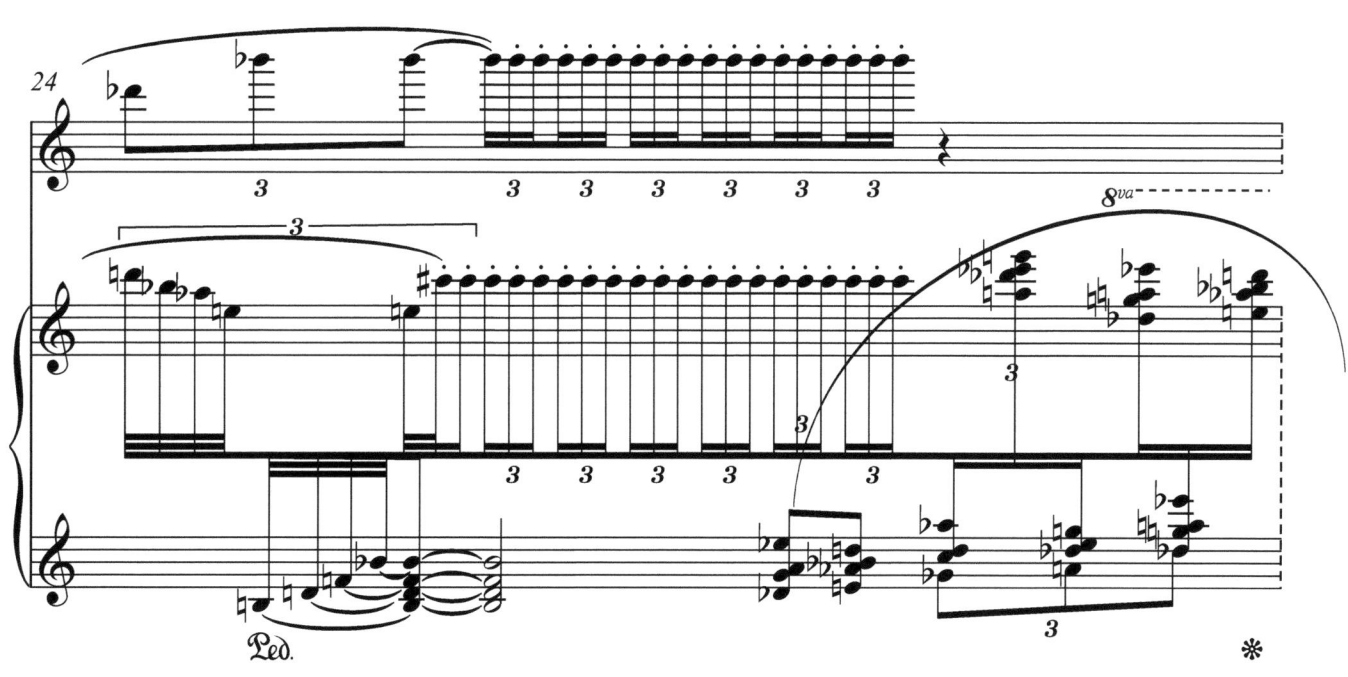

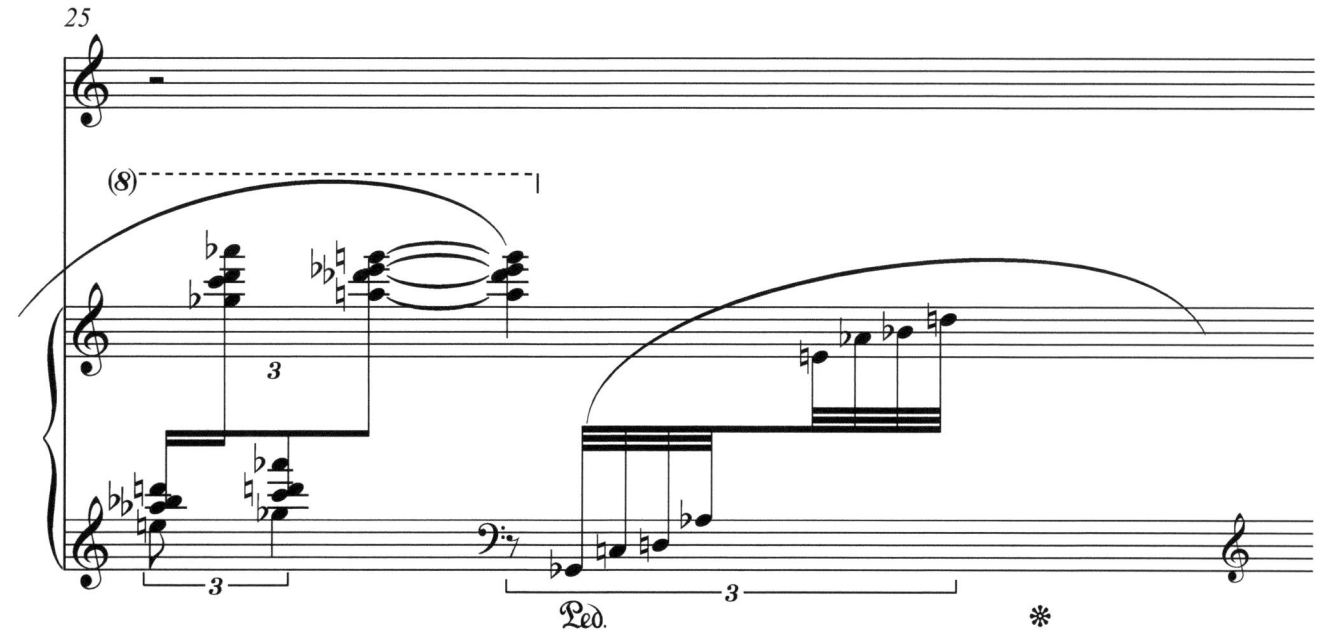

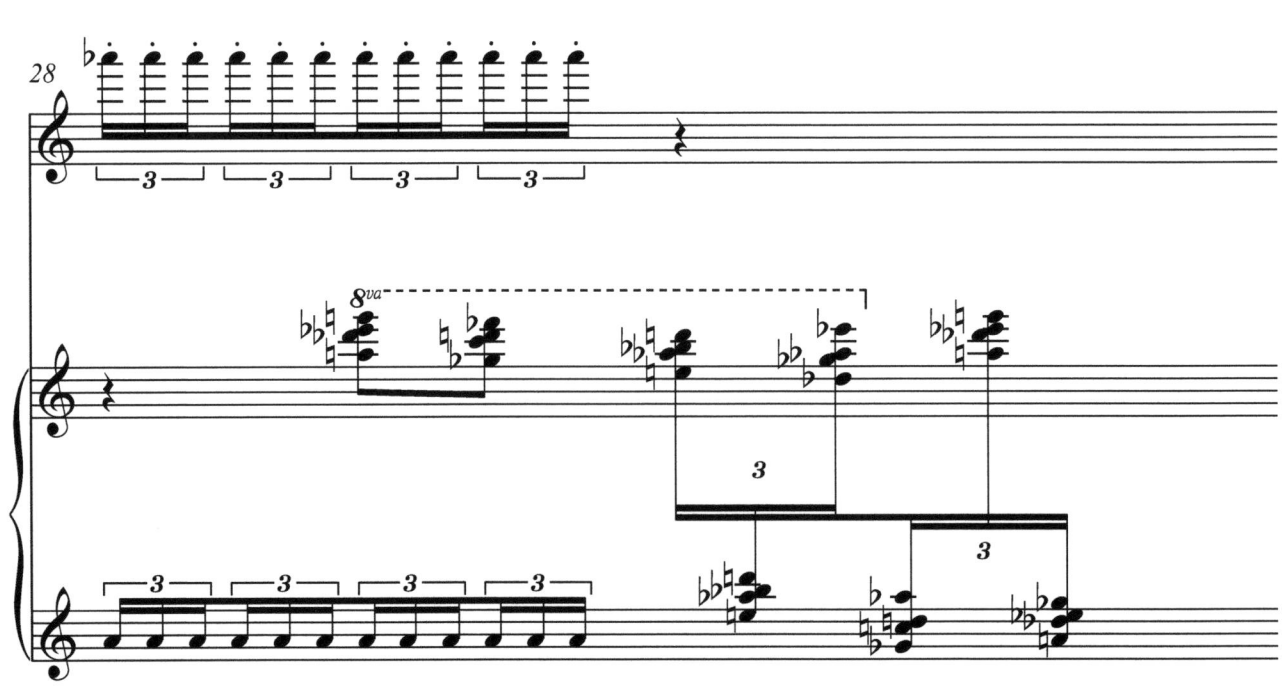

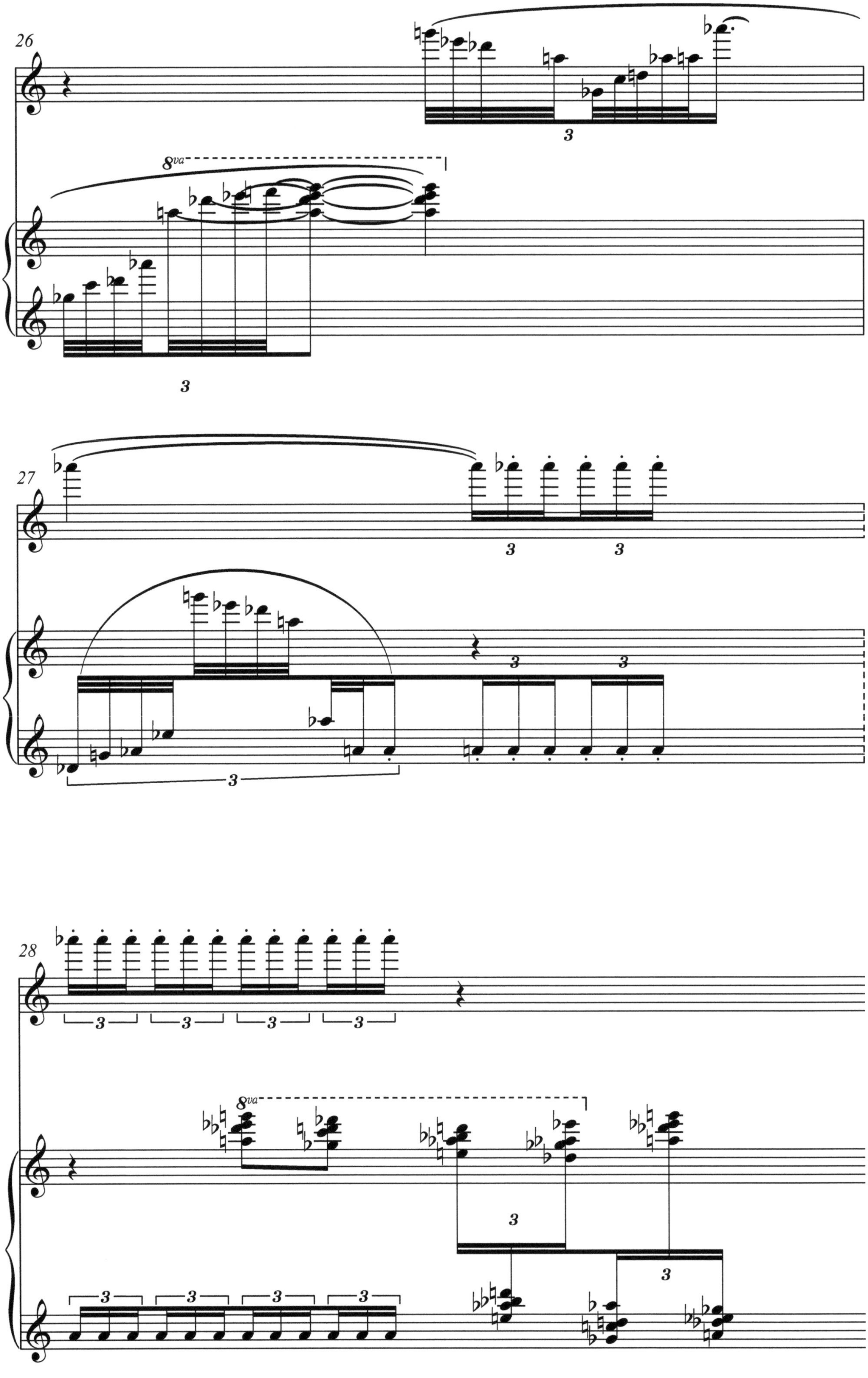

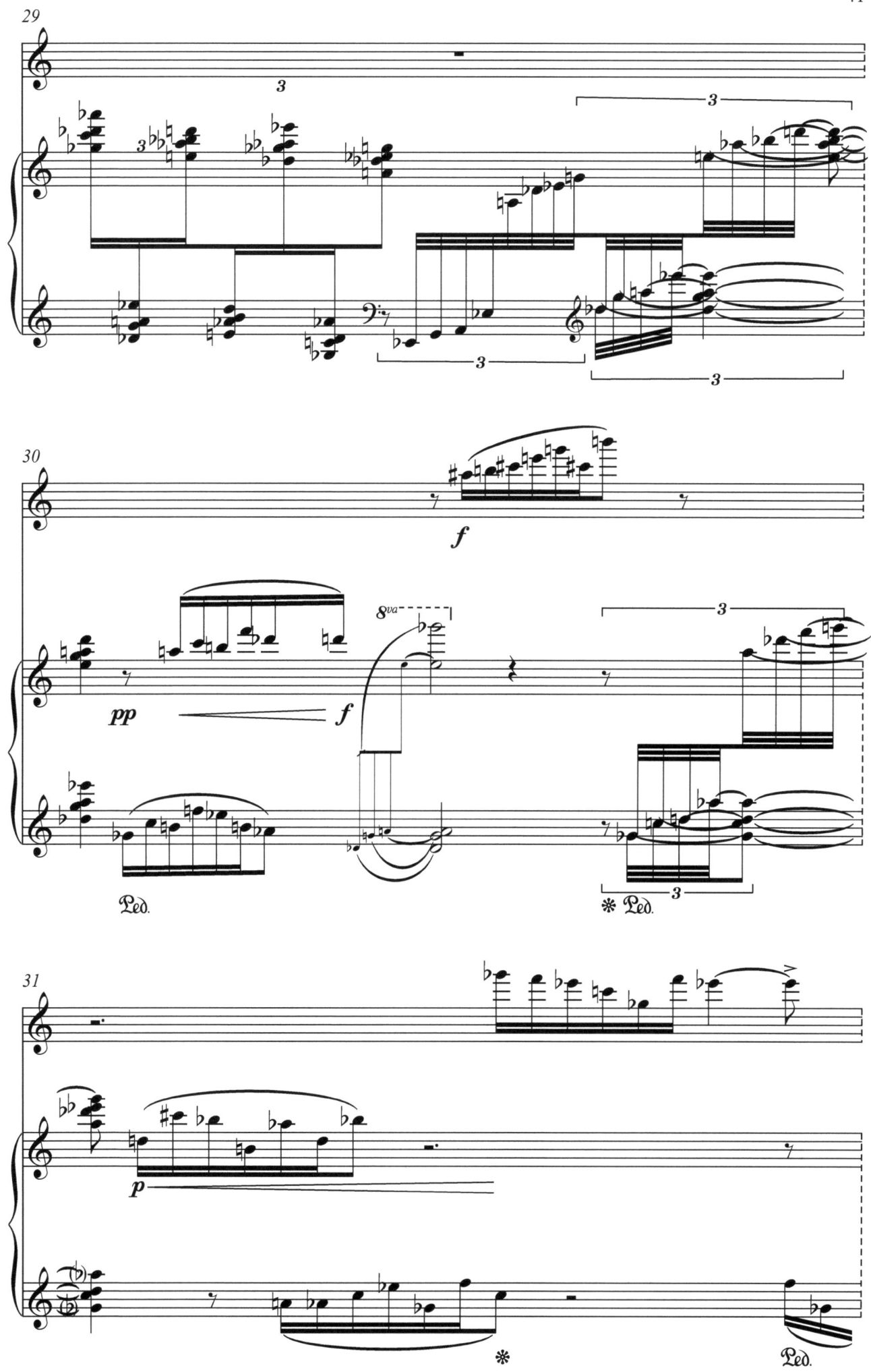

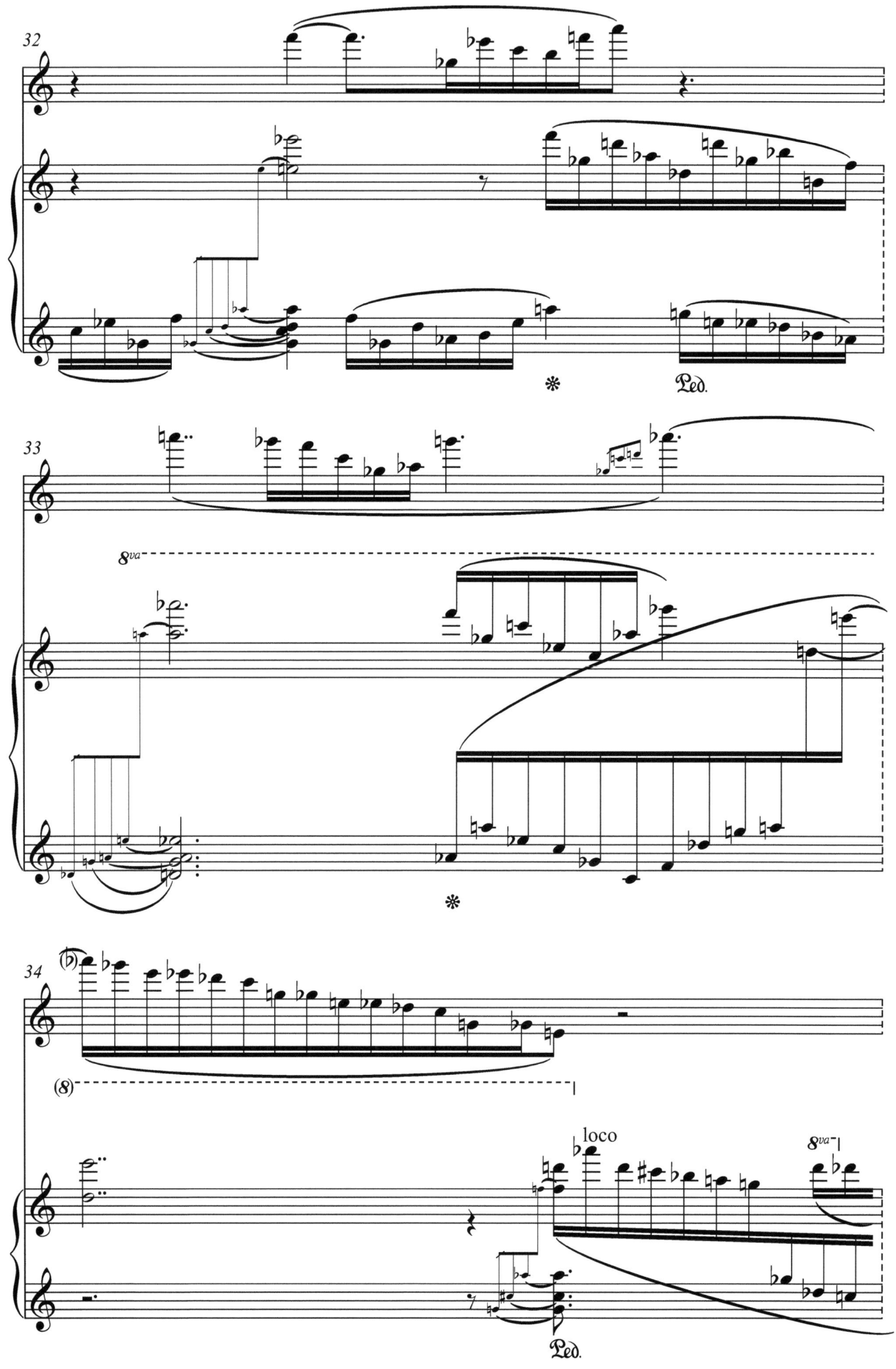

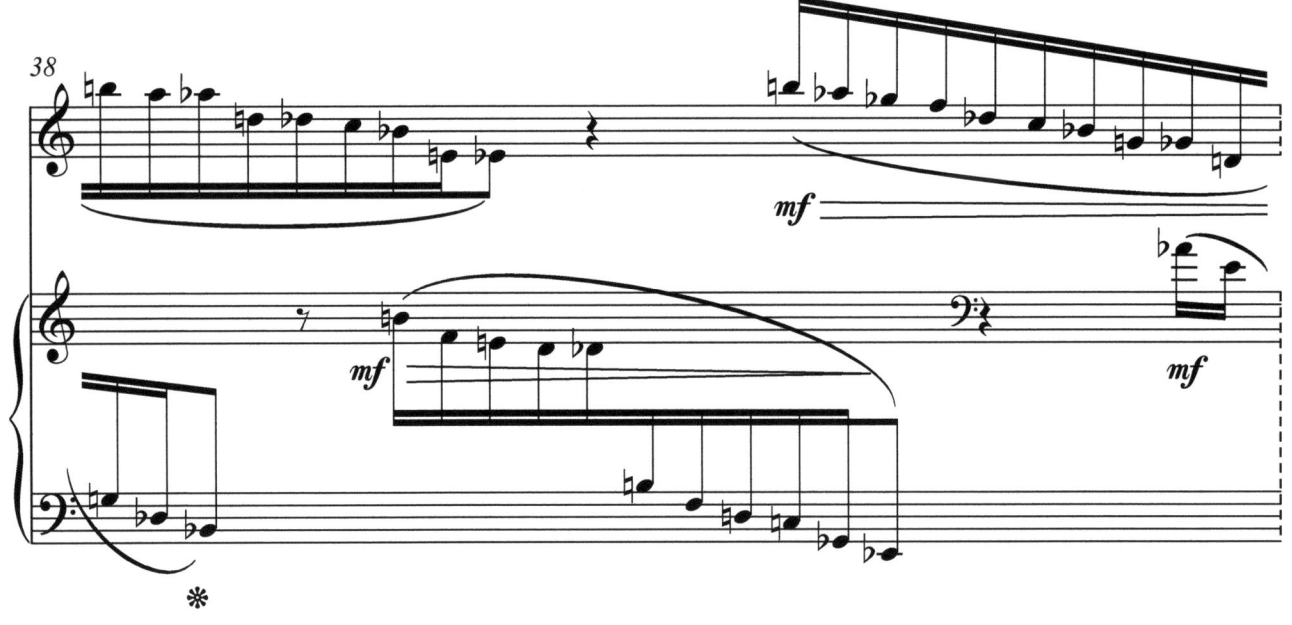

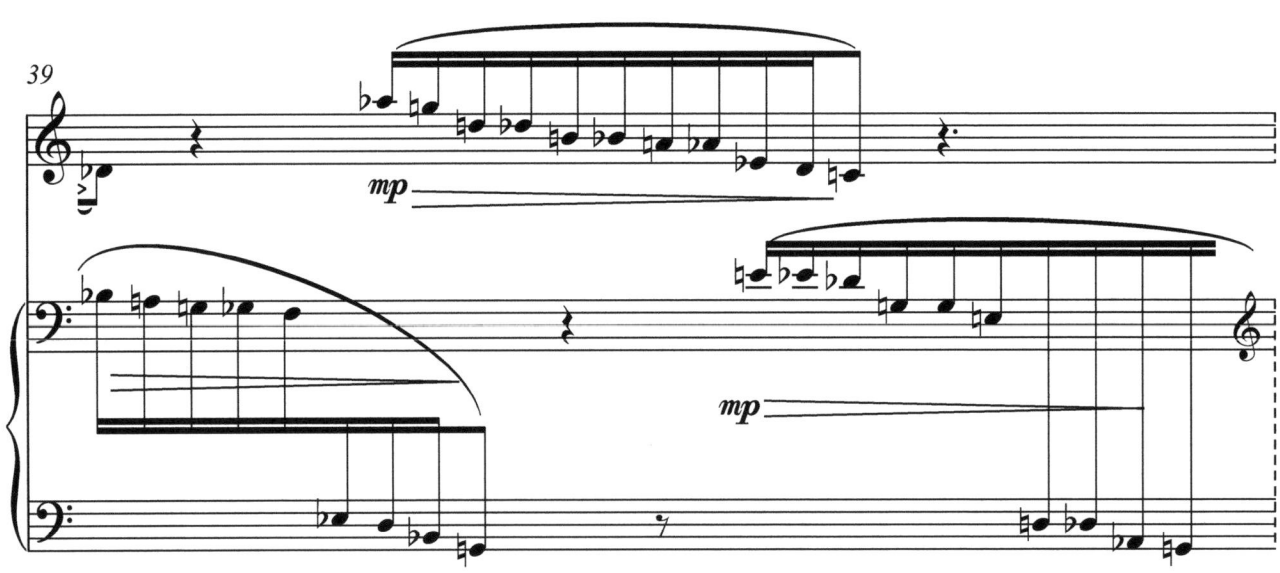

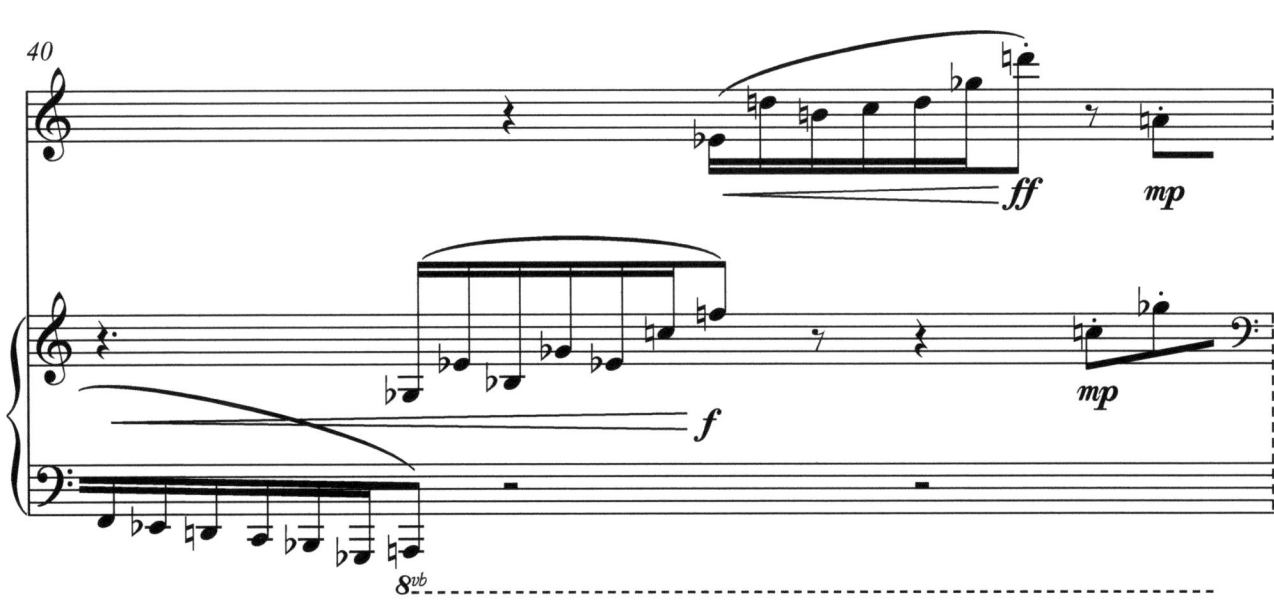

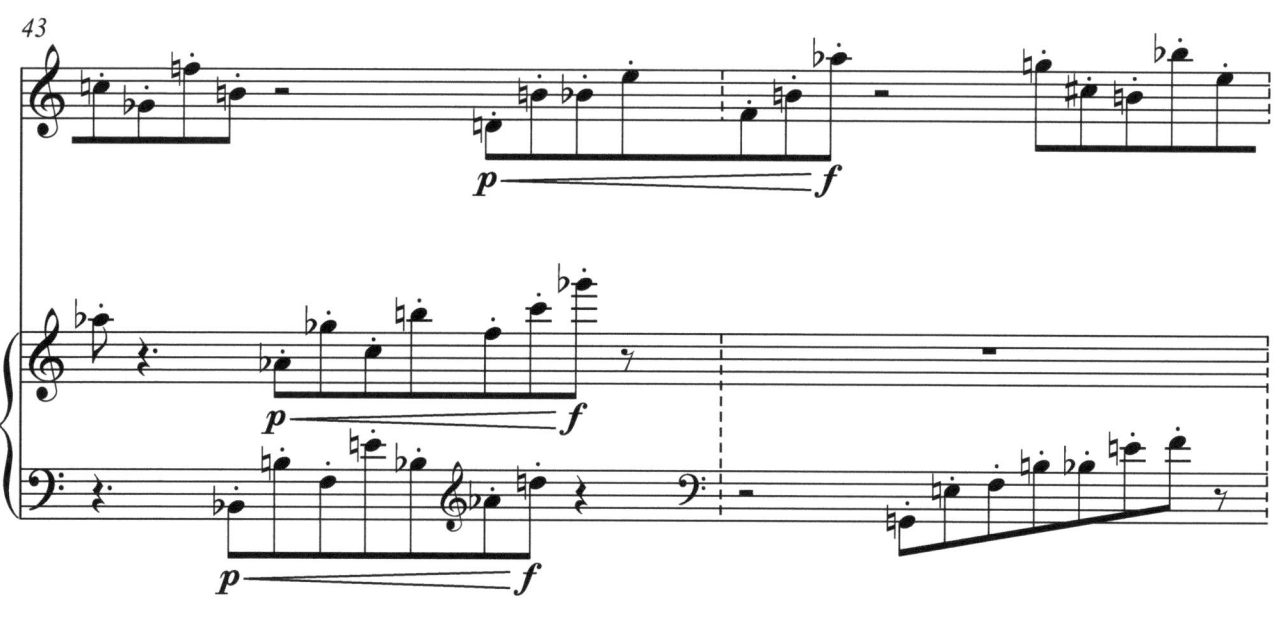

Stück für Klarinette und Klavier

Larghetto

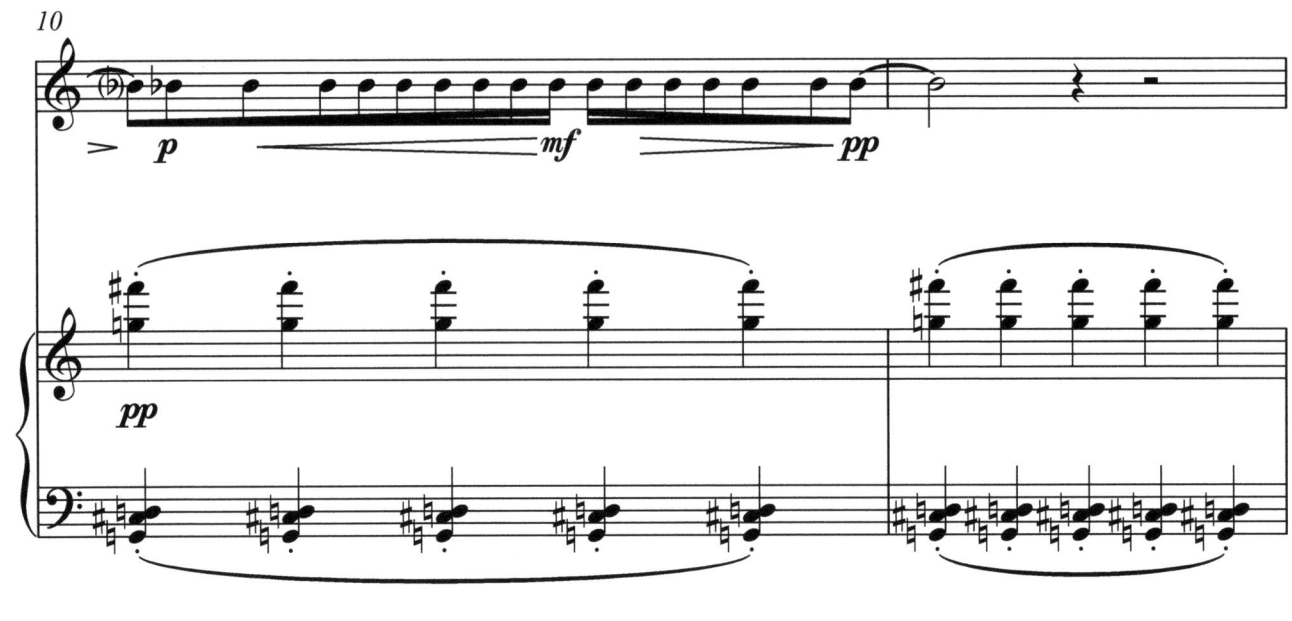

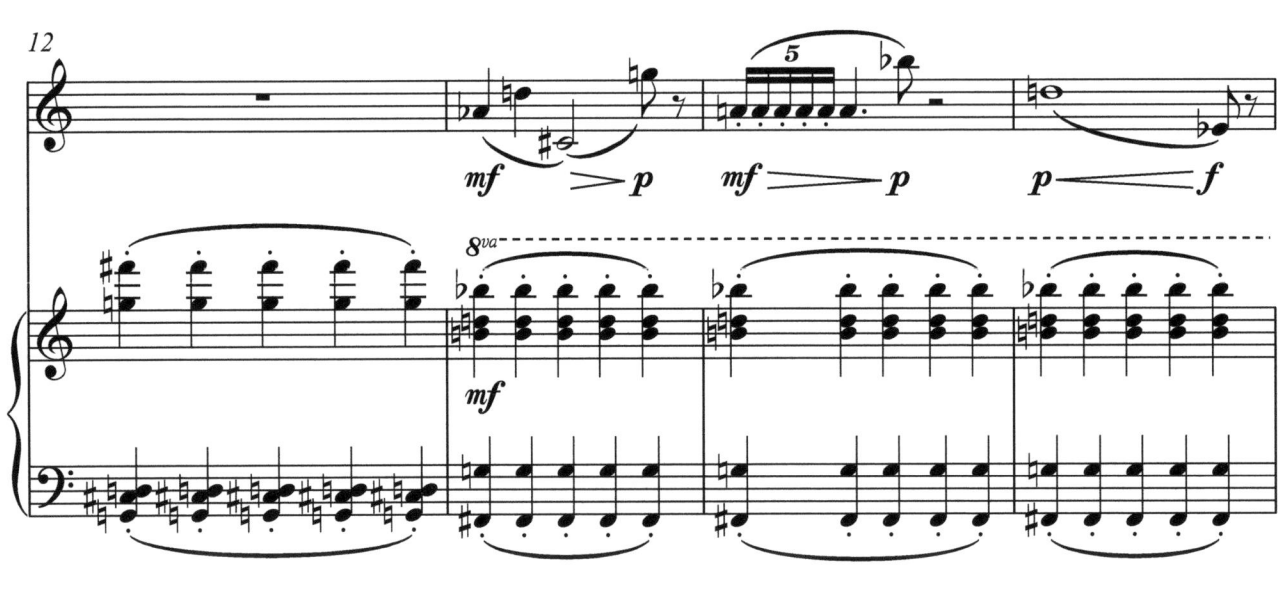

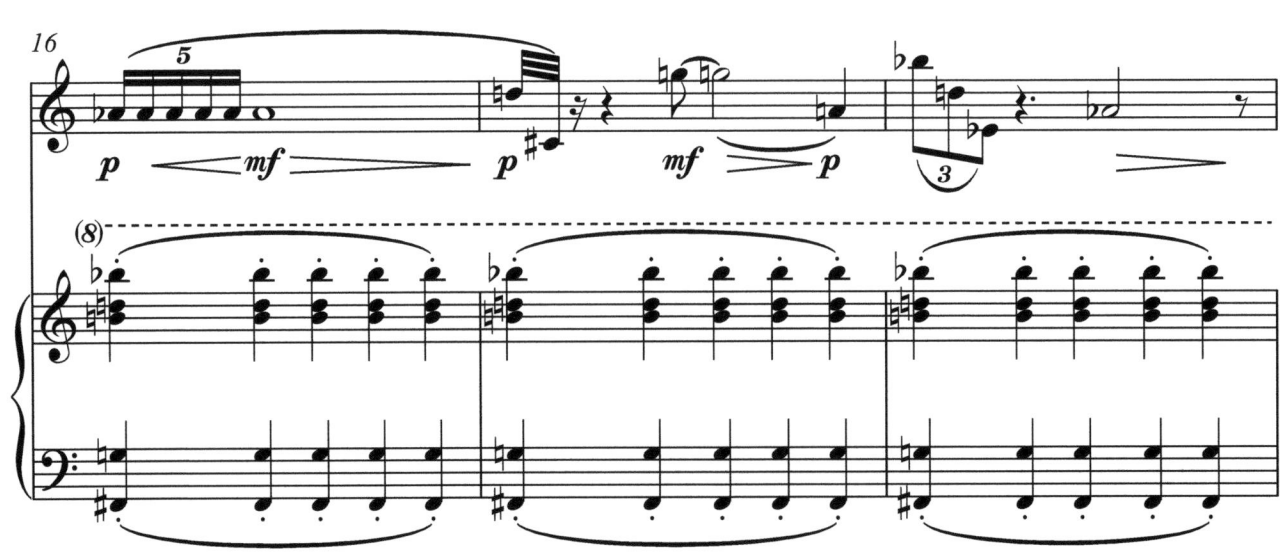

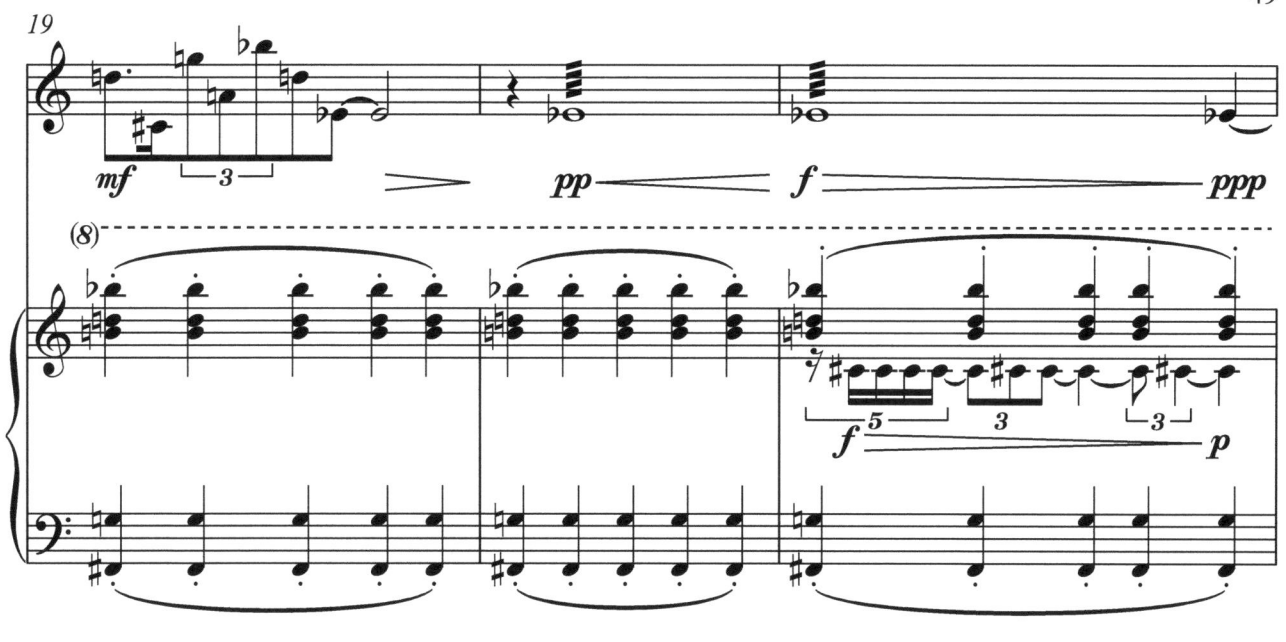

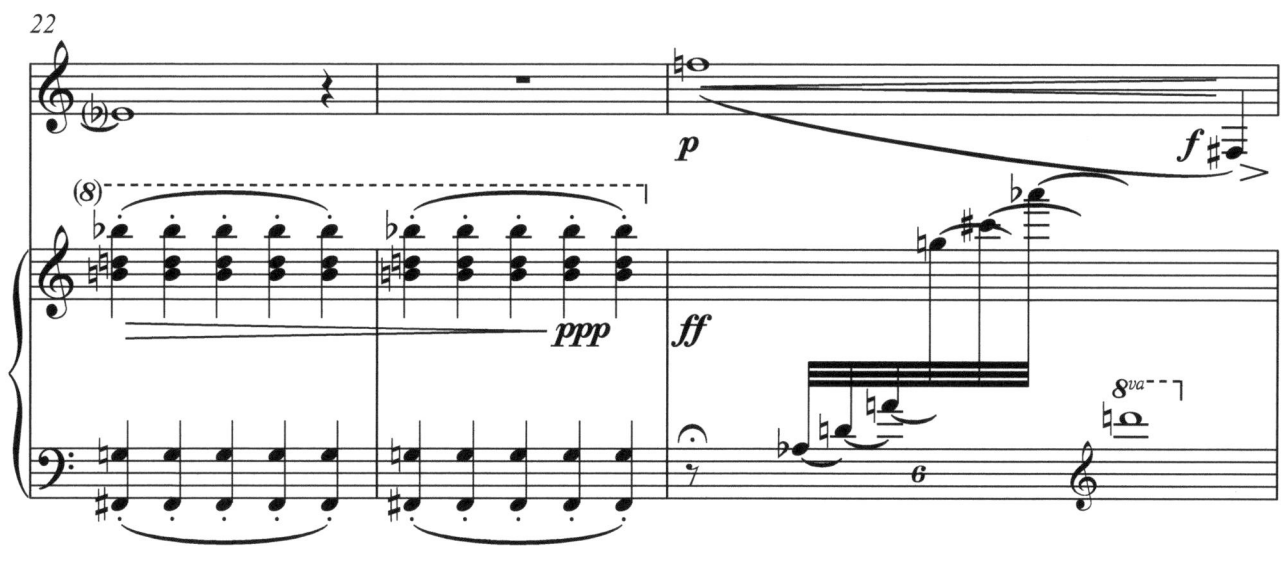

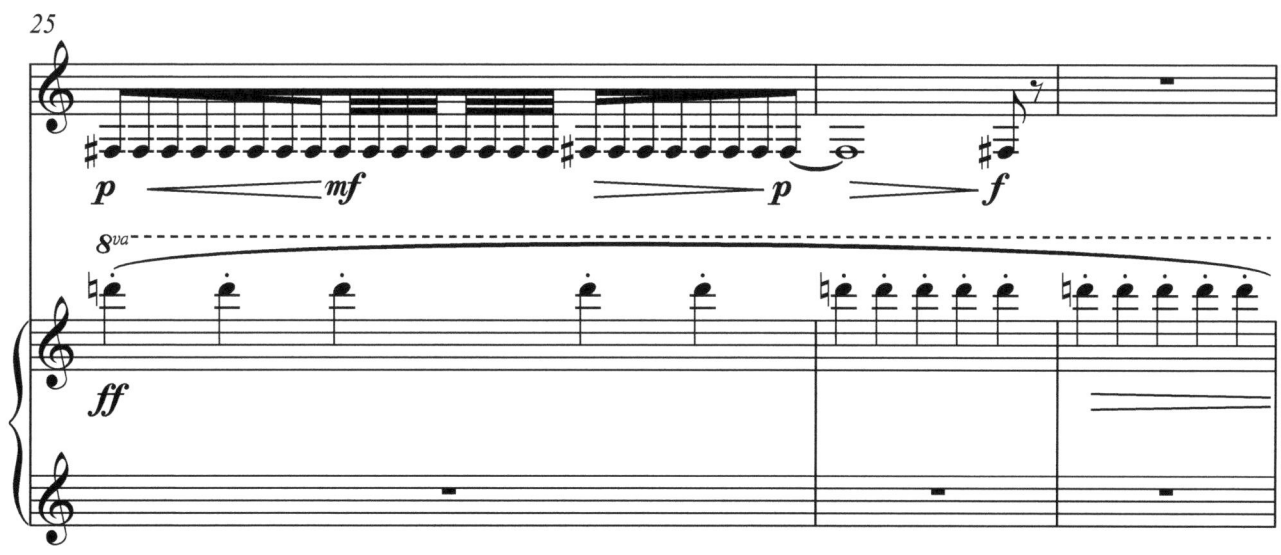

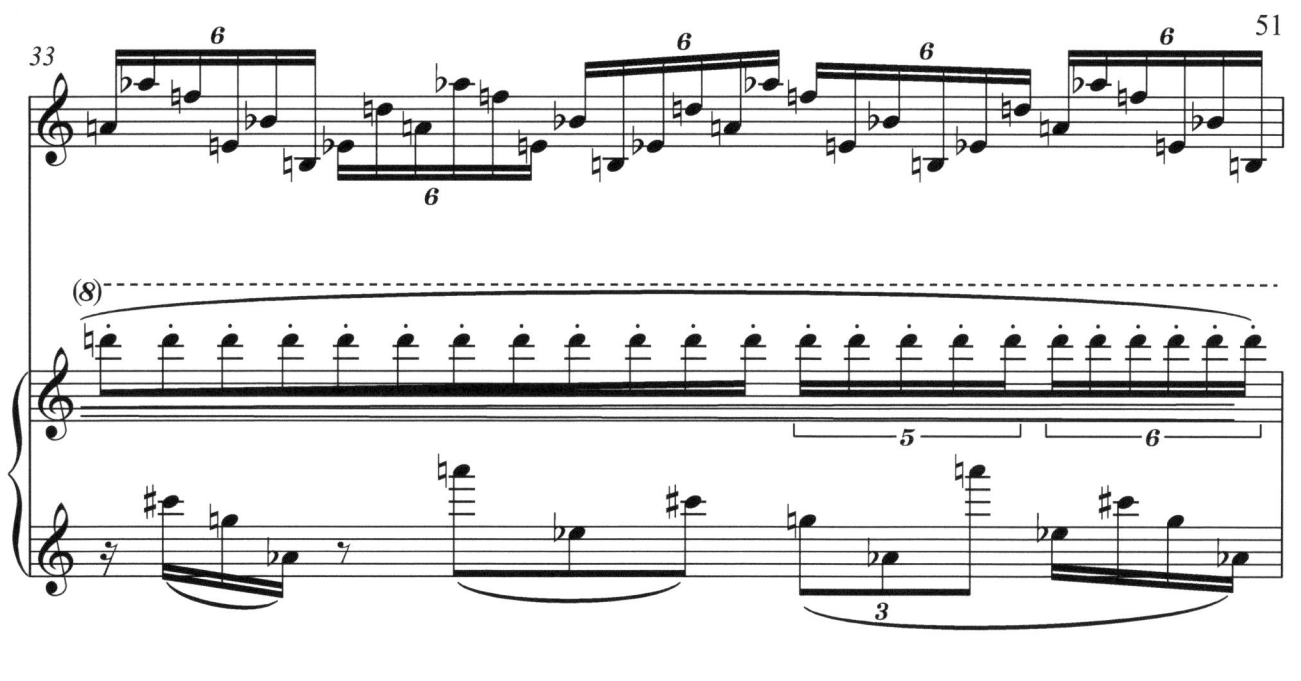

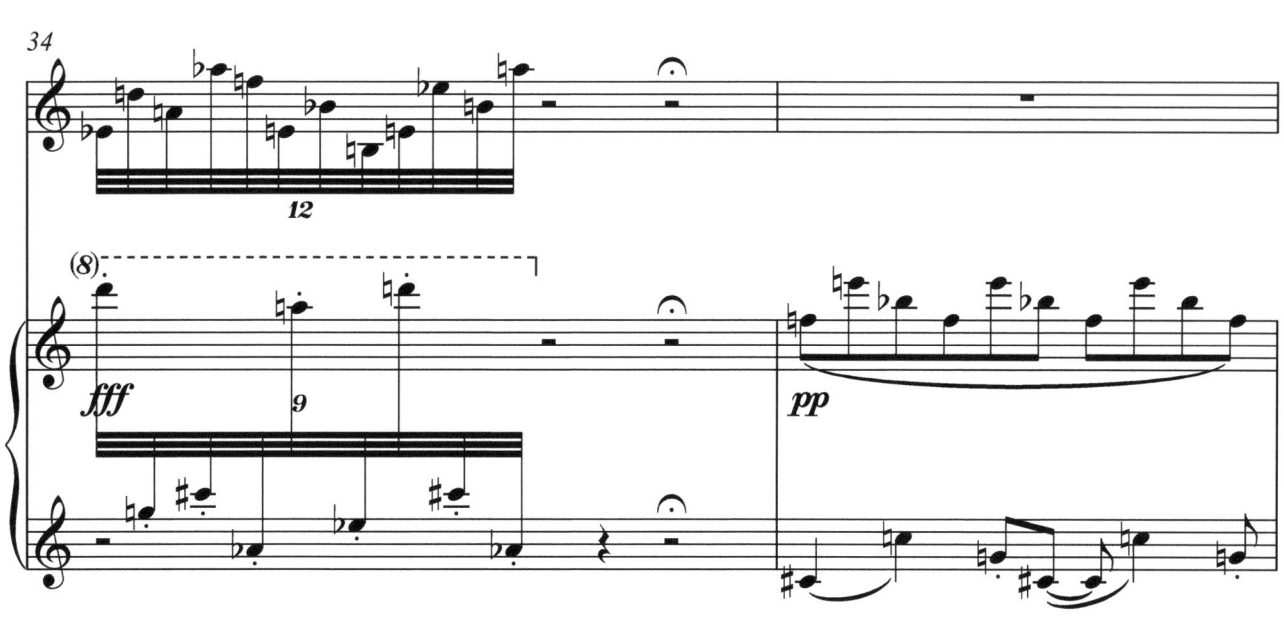

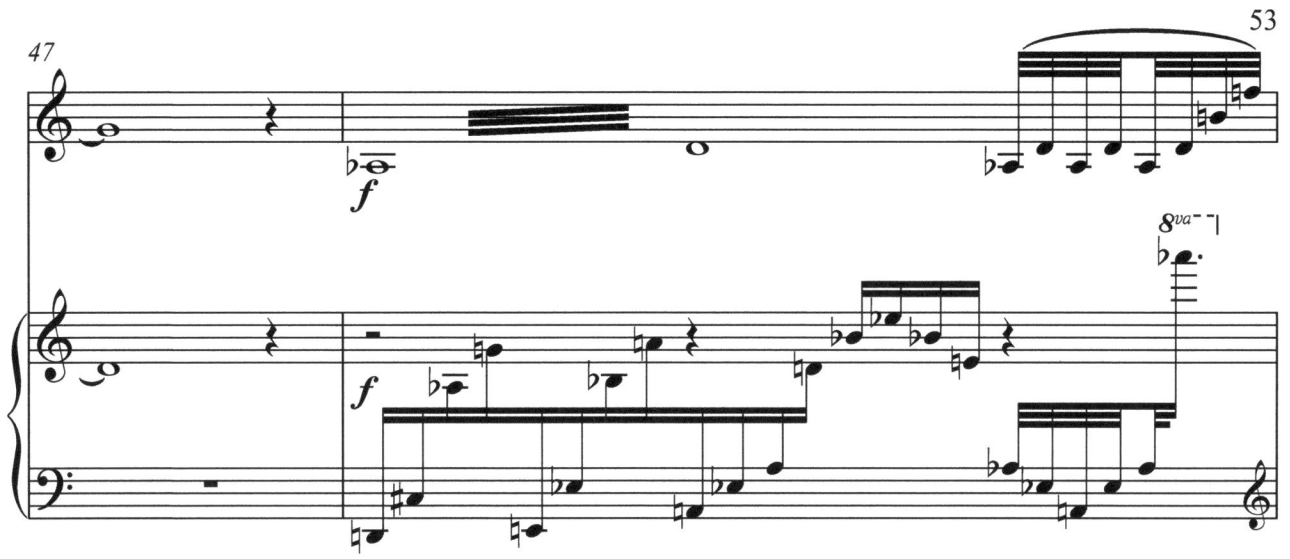

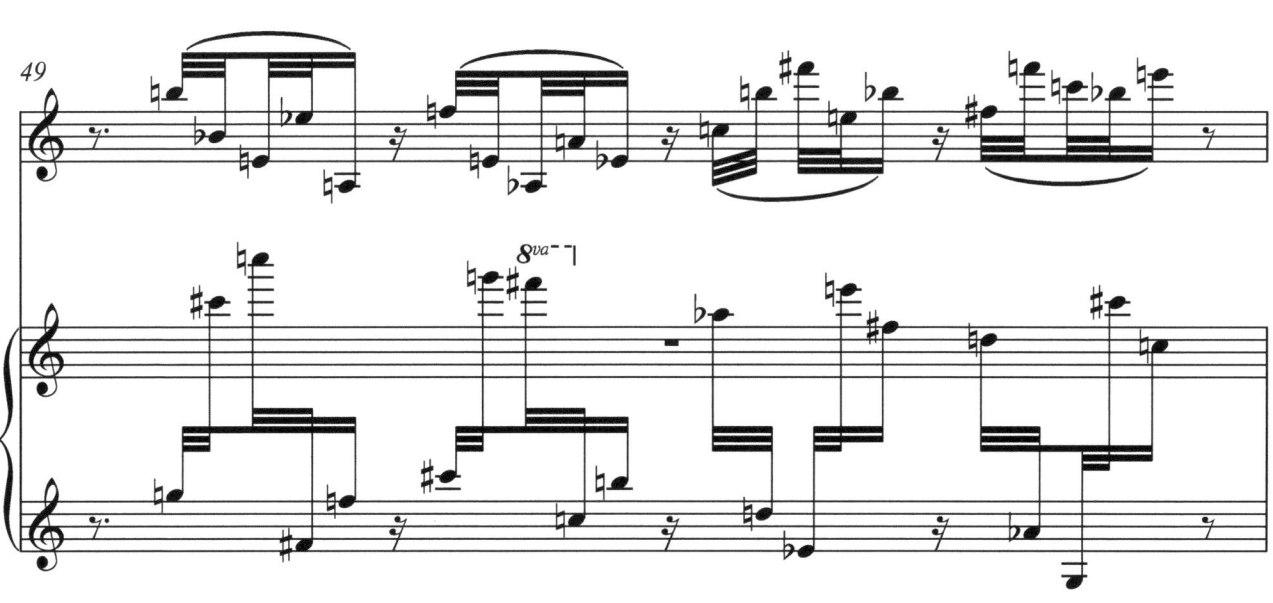

Höheren Ton summen

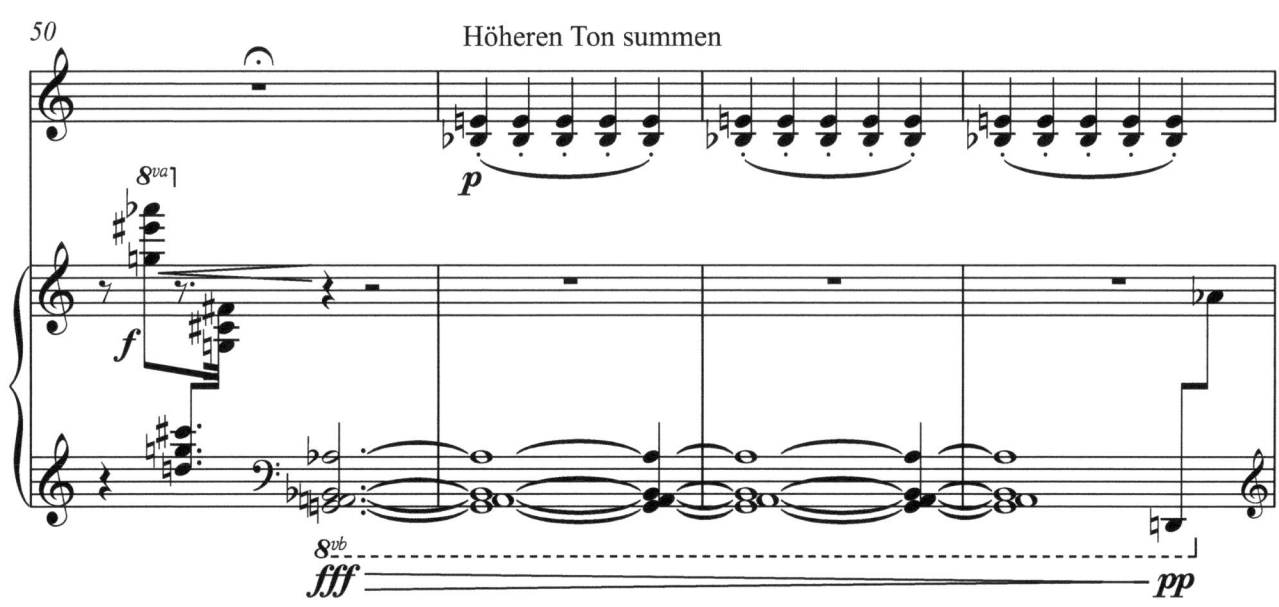

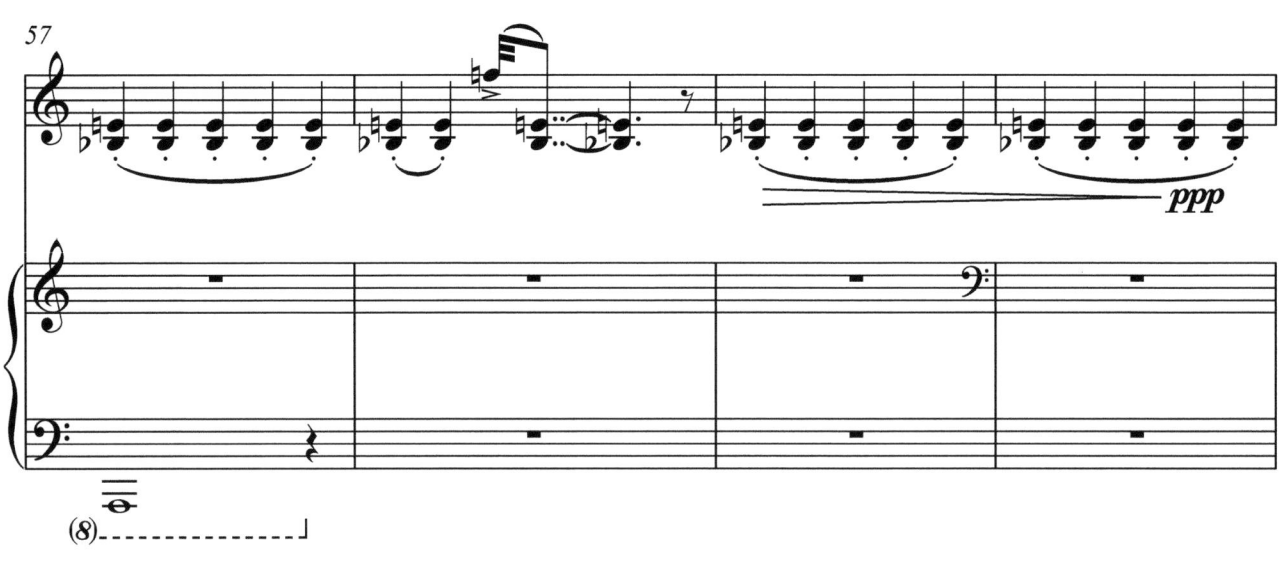

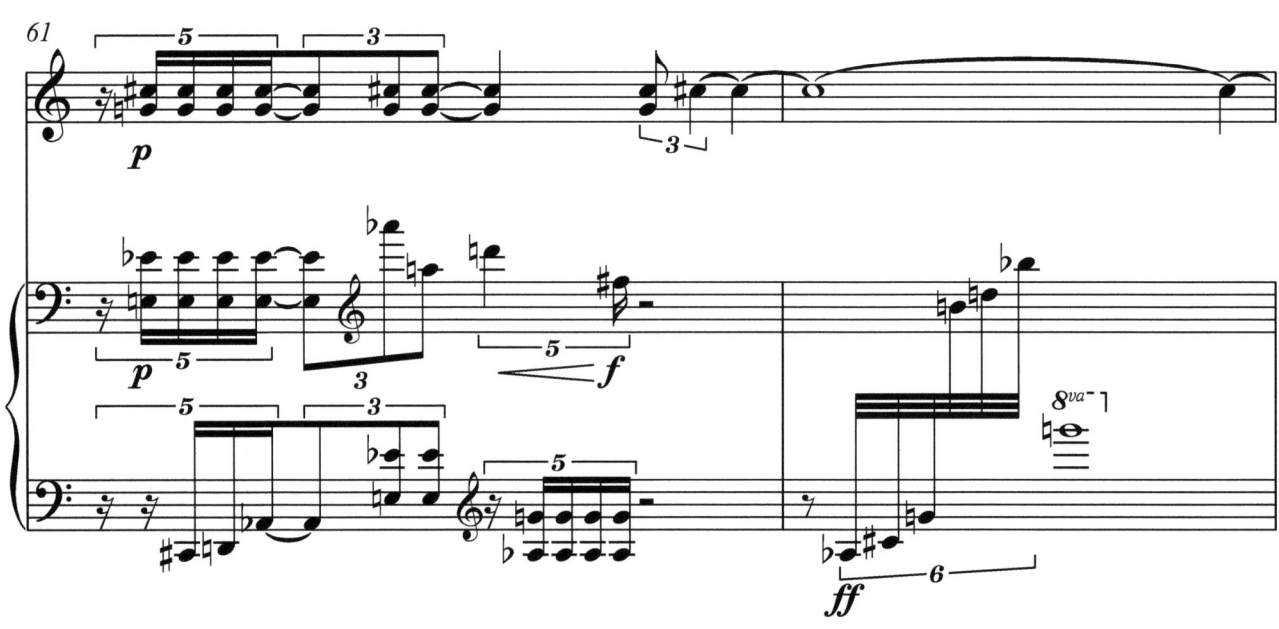

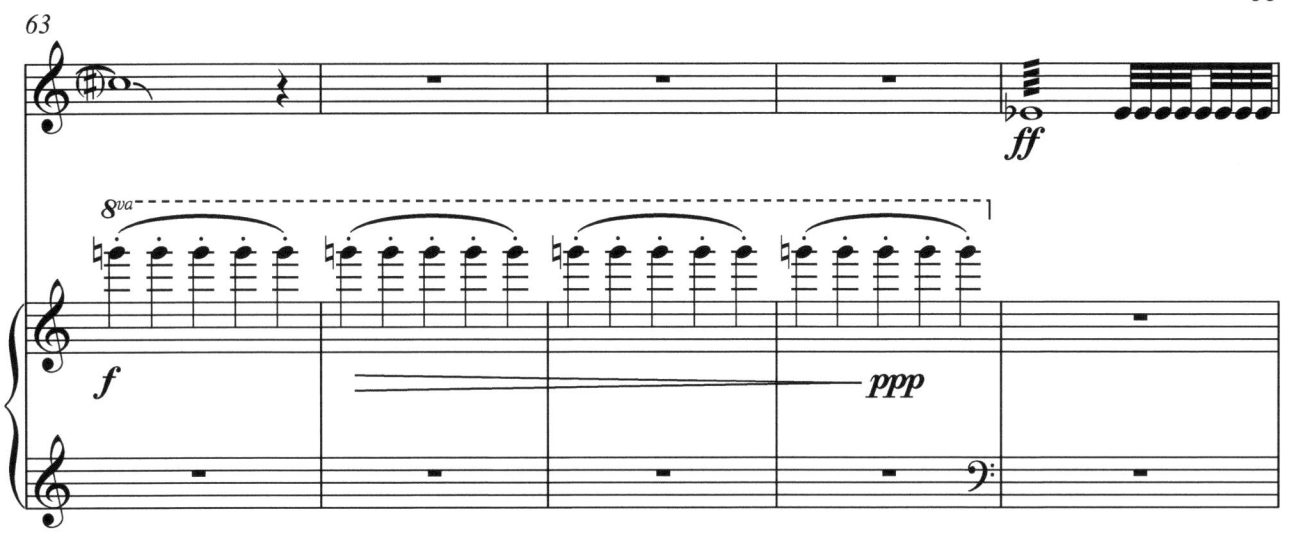

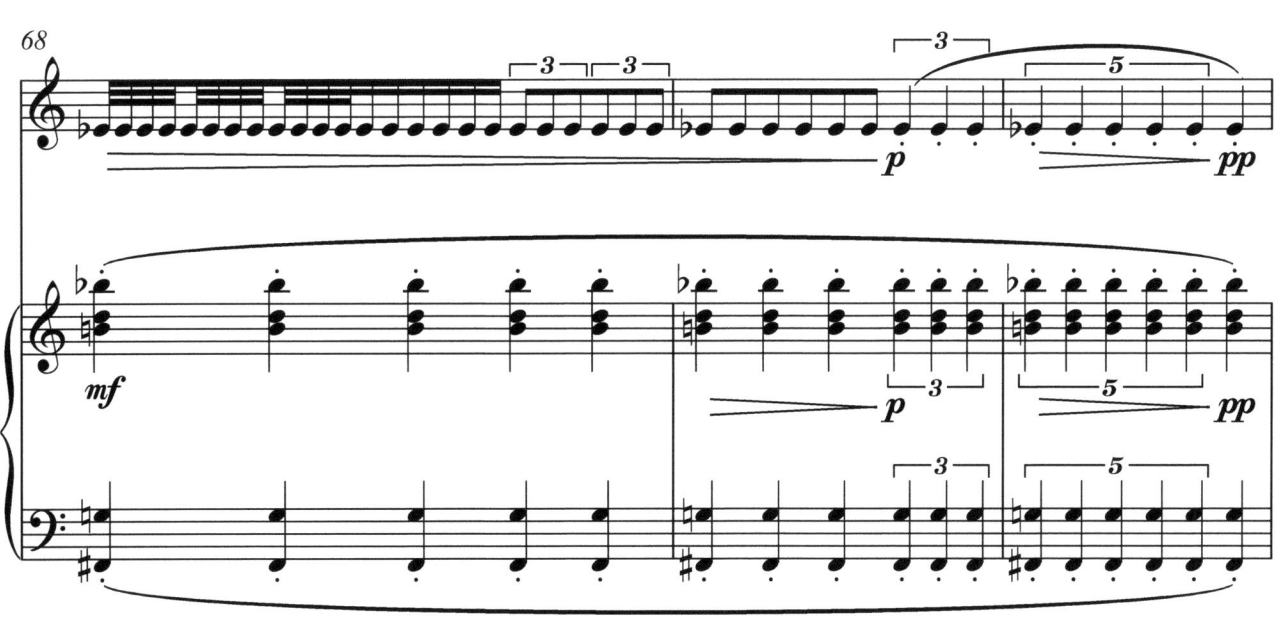

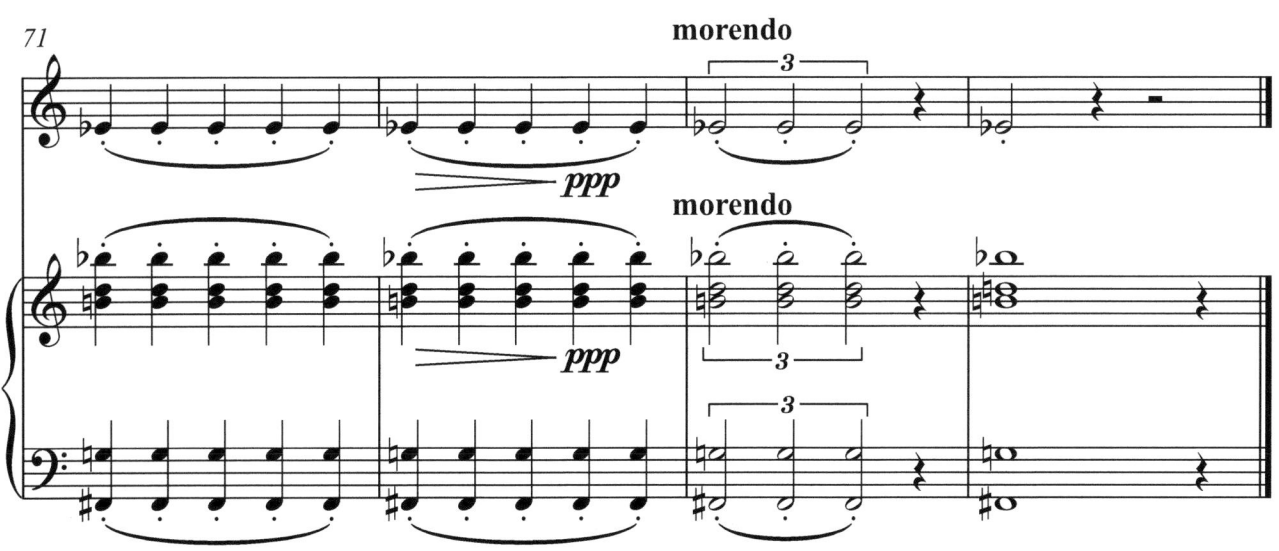

Fünf kleine Stücke für Violoncello und Klavier

I. Andante

58

II. Moderato sostenuto

III. Moderato amabile

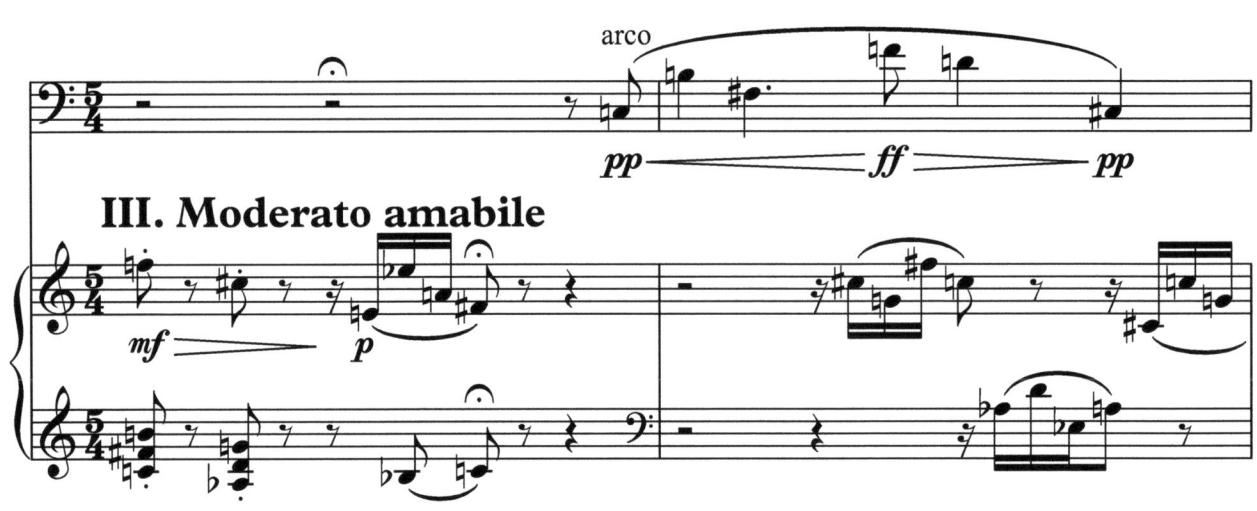

III. Moderato amabile

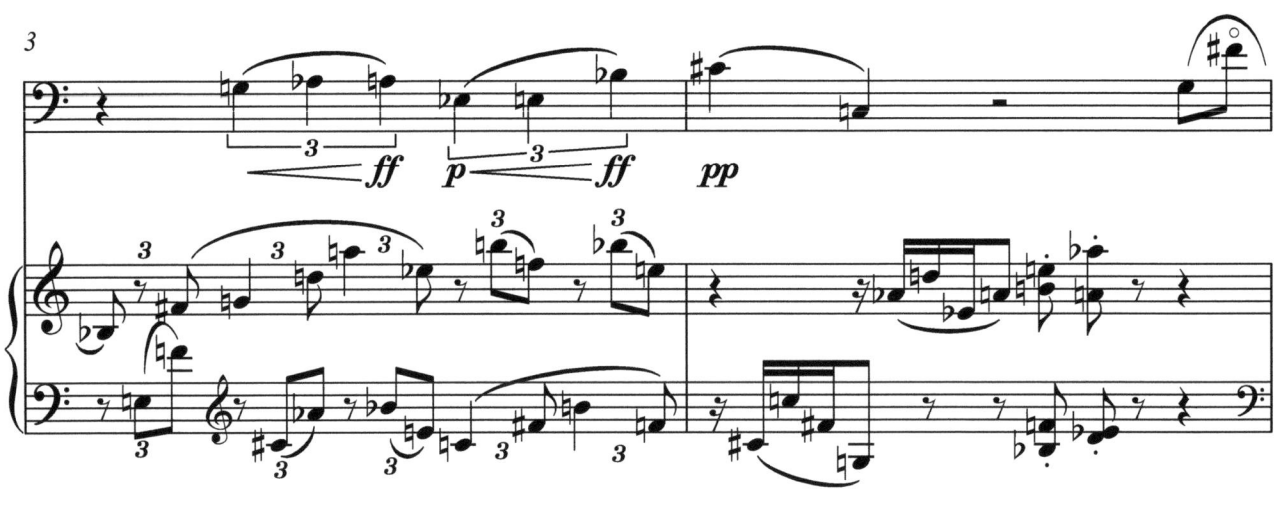

IV. Grave espressivo

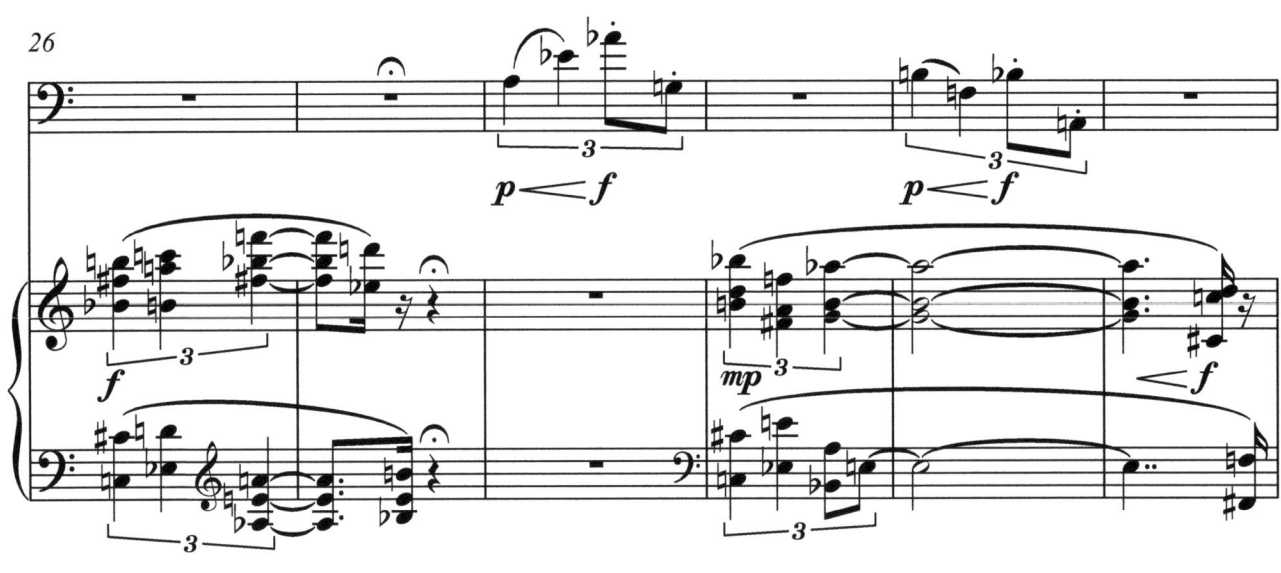

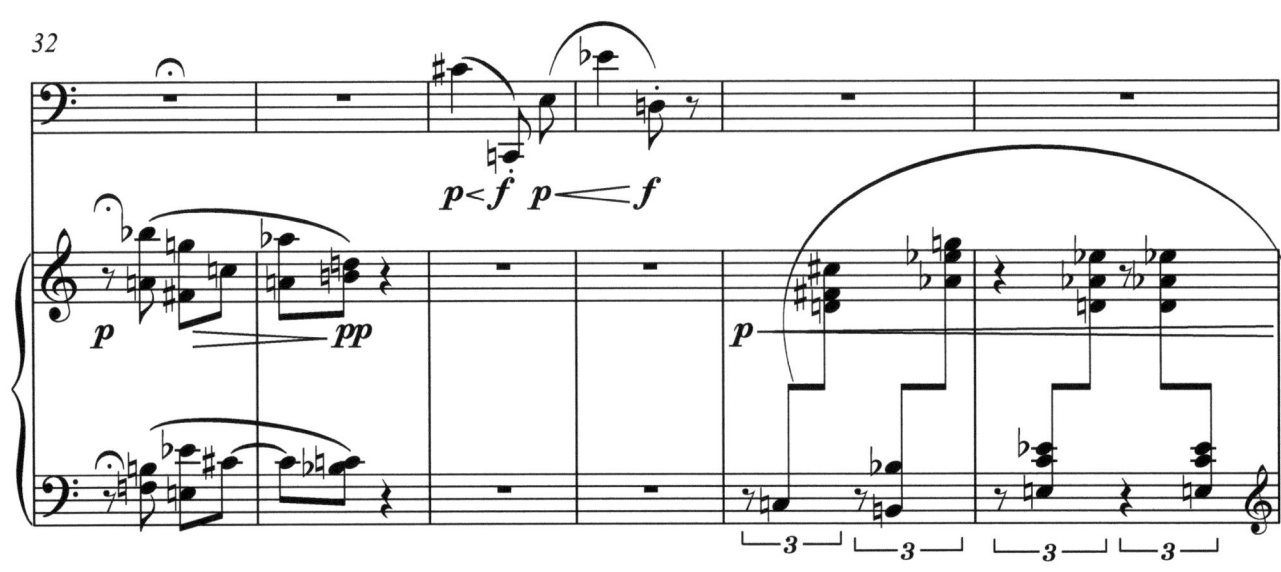

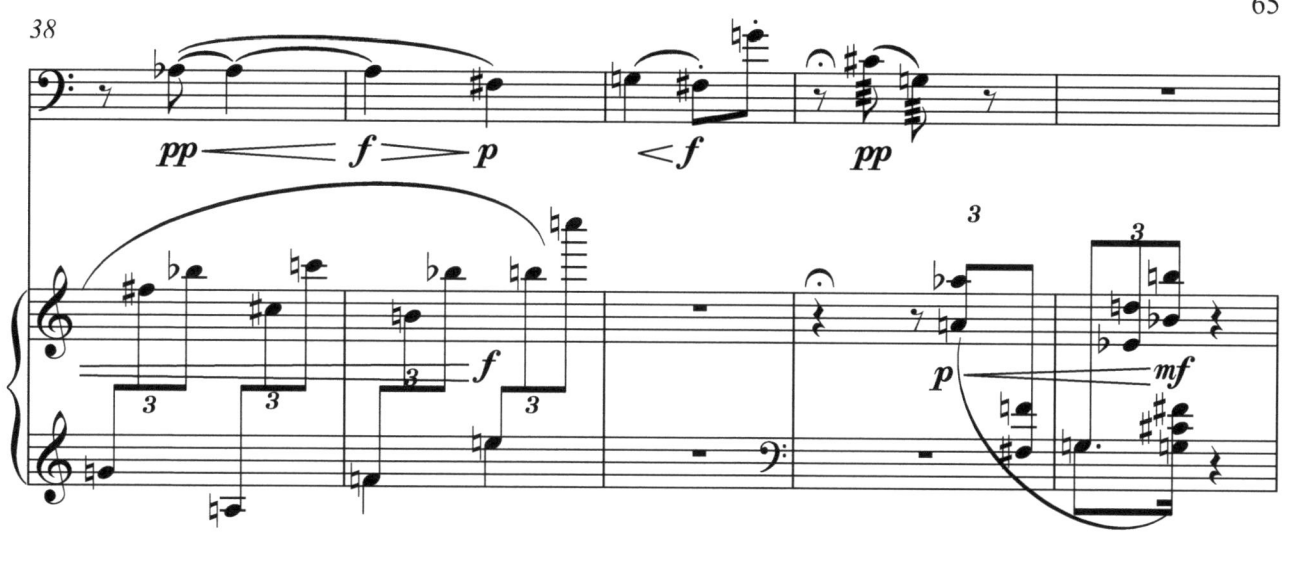

V. Andante arioso